Bibliothek der Schulpraxis

Stefan Schaefer

Unterrichtsmethoden

Schwerpunkt kaufmännische Fächer

3. Auflage

VERLAG EUROPA-LEHRMITTEL · Nourney, Vollmer GmbH & Co. KG
Düsselberger Straße 23 · 42781 Haan-Gruiten

Europa-Nr.: 77800

Verfasser:
Stefan Schaefer   Gifhorn

Verlagslektorat:
Anke Völpel

Das vorliegende Buch wurde auf der **Grundlage der neuen amtlichen Rechtschreibregeln** erstellt.

3. Auflage 2011

Druck   5 4 3 2 1

Alle Drucke derselben Auflage sind parallel einsetzbar, da sie bis auf die Behebung von Druckfehlern untereinander unverändert sind.

ISBN 978-3-8085-7953-4

© 2011 by Verlag Europa-Lehrmittel, Nourney, Vollmer GmbH & Co. KG, 42781 Haan-Gruiten
http://www.europa-lehrmittel.de
Umschlaggestaltung: Michael M. Kappenstein, 60385 Frankfurt
Satz: Meis satz&more, 59469 Ense
Druck: Triltsch GmbH, 97199 Ochsenfurt-Hohestadt

Vorwort

Dieses ist kein Buch mit wissenschaftlichem Charakter. Vielmehr soll es eine Hilfestellung im Unterrichtsalltag bieten – sowohl **für Referendarinnen** und **Referendare**, die noch wenig Unterrichtserfahrung haben, als auch **für die Lehrerinnen** und **Lehrer**, die schon viele Jahre vor einer Klasse stehen. Anhand umfassender Übersichten und konkreter Unterrichtsbeispiele wird die Methodenvielfalt ausgebaut und der Medieneinsatz lernwirksam verbessert.

Ziel des handlungsorientierten Unterrichts ist es, die Schüler aktiv in den Lernprozess einzubinden. Doch bei der Umsetzung stößt der Lehrer auf das „Magische Viereck" der Methodenvielfalt: Der Lehrer ist eingeschränkt in seiner Methodenkompetenz, denn sein Wissensspektrum an Methoden ist begrenzt. Zugleich steht ihm nur eine limitierte Unterrichtszeit zur Verfügung, um die angestrebten Lernziele der Unterrichtsstunde umzusetzen. Außerdem können, je nach Leistungsniveau der Lerngruppe, nur bestimmte Methoden zum Einsatz kommen. Jede Methode beinhaltet zugleich die Gefahr der Über- oder Unterforderung der Lerngruppe. Zudem sind nicht alle Methoden geeignet, bestimmte Unterrichtsinhalte umzusetzen.

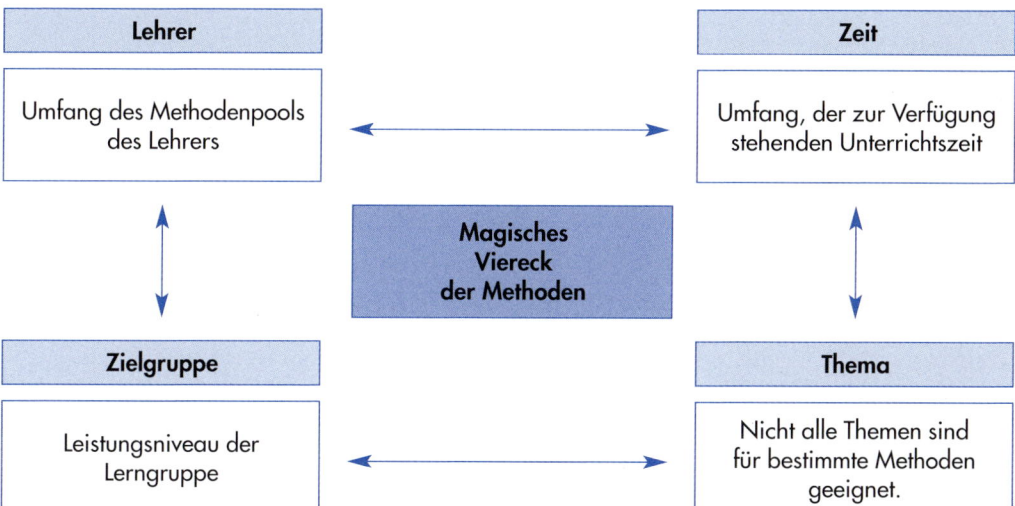

Es gilt somit für den Lehrer, mithilfe des magischen Viereckes die treffenden Methoden für seine geplante Unterrichtsstunde herauszufiltern. Zugleich soll dieser Lernprozess durch geeignete Medien visualisiert werden.

Neu in der 3. Auflage
Neue Unterrichtsmethoden wurden ergänzt und alphabetisch einsortiert.
● Kapitel 4: Graf-iz, Gruppen- und Partnerpuzzle, Textsalat
● Kapitel 5: E-Mail, Ideenkartei, Sortiermethode, Strukturlegen
● Kapitel 6: Schiffe versenken
● Der Anhang wurde um ein Kapitel zum interaktiven Whiteboard ergänzt.

Diese Hilfestellung soll das vorliegende Buch Ihnen bieten.

Autor und Verlag   Im Sommer 2011

Inhaltsverzeichnis

1 Methoden zum Kennenlernen

Einführung

Kennenlernspiele dienen nicht nur dazu, dass sich die Lernenden einer Gruppe untereinander kennen lernen. Sie helfen auch, gruppendynamische Prozesse zu initiieren und schneller abzuschließen, damit eine Basis konstruktiven Arbeitens geschaffen wird. Die folgenden Kennenlernspiele bieten abwechslungsreiche Möglichkeiten, diesen Kennenlernprozess anzuregen.

1.1 Steckbrief

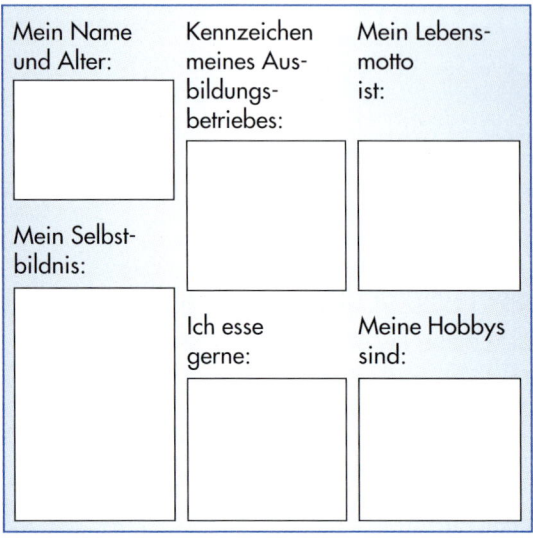

Ein Blatt enthält verschiedene Felder mit Themenbereichen, zu denen sich der Schüler äußern muss. Themenbereiche könnten beispielsweise dabei sein:

- Mein Name und Alter
- Ich habe folgendes Lebensmotto
- Meine Hobbys
- Mein Lieblingsgericht
- Kennzeichen meines Ausbildungsbetriebes
- Mein Selbstbildnis
- Ich wäre gerne das dargestellte Tier

Dabei sollte in einem Feld von den Schülern gezeichnet werden, um deren Kreativität anzusprechen.

Anschließend stellt jeder Schüler seinen Steckbrief der Klasse vor. Alternativ könnte der Schüler seinen Steckbrief seinem Nachbarn vorstellen. Dieser wiederum stellt den Steckbrief der Klasse vor. Diese Alternative hat den Vorteil, dass zunächst nochmals ein Austausch mit den Nachbarn erfolgt. Zugleich wird die Hemmung abgebaut, sich selbst vor einer Klasse darstellen zu müssen.

1.2 Partnerinterview

Asterix	Obelix
Ralf Schumacher	Michael Schumacher
Cäsar	Kleopatra
Max	Moritz
Stan Laurel	Oliver Hardy
Ernie	Bert
James Bond	Wodka/Martini

Die Schüler setzen sich zu zweit zusammen. Jeder befragt seinen Nachbarn über sein Privatleben, Lebenslauf, Lieblingsessen usw. und macht sich Notizen. Die Befragung sollte ca. 15 Minuten dauern. Anschließend stellt jeder seinen Partner der Klasse vor.

Erfahrungsgemäß sitzen die Schüler zusammen, die sich schon kennen. Es bietet sich daher an, über Lose die Partner zu finden. Auf den Losen sind berühmte Paare vermerkt. Jeder Schüler muss durch Zuruf seinen Partner finden und sich mit ihm zusammensetzen.

Methoden zum Kennenlernen

1.3 Kontaktanzeige

Jeder Schüler gestaltet auf einem Flipchart-Bogen eine Kontaktanzeige. Neben einem Selbstbildnis wird stichwortartig alles das festgehalten, was sie/er über sich bekannt geben möchte (vom Hobby über den Ausbildungsbetrieb bis hin zum Lieblingsessen).

Anschließend stellt der Schüler sich mithilfe des Plakates der Klasse vor.

1.4 Eine Gruppe stellt sich vor

Die Klasse wird zunächst in Vierer- oder Fünfergruppen aufgeteilt. Die Einteilung der Gruppen sollte durch Lose erfolgen, damit die Gruppenmitglieder sich möglichst nicht kennen. Die Gruppe erhält den Arbeitsauftrag, ein Plakat zu erstellen, mit dem sie sich vorstellt. Für den Inhalt und die Gestaltung gibt es keine Vorgaben.

Erfahrungsgemäß findet nun ein intensiver Austausch unter den Gruppenmitgliedern statt. Sie müssen sich über den Inhalt und die Gestaltung einigen – Gemeinsamkeiten werden gesucht. Dabei lernen sie sich untereinander kennen. Anschließend stellt die Gruppe das Plakat und sich der Klasse vor.

1.5 Mein Name und mein Charakter

Jeder Schüler erhält eine Moderatorenkarte. Hierauf schreibt er senkrecht seinen Namen (z. B. „Helmut"). Wie in einem Kreuzworträtsel dienen alle Buchstaben des Namens dazu, dass der Schüler seine Eigenschaften, die mit den Buchstaben beginnen, notiert.

Anschließend stellt er seine Karte der Klasse vor. Automatisch begründet er, warum er die jeweiligen Eigenschaften ausgewählt hat.

H	öflich
E	hrlich
L	aunisch
M	elancholisch
U	nordentlich
T	ierlieb

1.6 Sätze vervollständigen

Die Schüler haben ca. fünf Minuten Zeit, verschiedene Sätze zu ergänzen. Anschließend werden die Zettel abgegeben. Der Lehrer liest die Zettel vor und die Klasse muss erraten, wer den Zettel geschrieben hat.

1. … sind mir die liebsten Kunden

2. Wenn … in die Schule käme, dann …

3. Bei einem Horrorfilm …

4. Mein Berufsziel …

5. Mein Ausgleich zum Beruf …

Methoden zum Kennenlernen

1.7   Durchschnittsalter

Die Klasse erhält den folgenden Arbeitsauftrag: (evtl. über Folie)
„Wie hoch ist das Durchschnittsalter Ihrer Klasse?"

Dieses Kennenlernspiel ist nur sinnvoll, wenn sich die Schüler der Klasse noch nicht kennen. Es gibt noch keine „Häuptlinge" und „Indianer" – also Schüler, die eine Führungsrolle eingenommen haben bzw. die sich führen lassen. Erfahrungsgemäß unterhalten sich die Schüler zunächst mit ihren Nachbarn, doch das führt bekanntlich noch nicht zum Erfolg. Erst wenn sich alle Schüler austauschen, kommen sie zum Ergebnis. Die Zeitvorgabe richtet sich nach der Größe der Klasse.

1.8   Fotos als Spiegelbild des Lebens

Zunächst werden in die Mitte des Raumes auf einem Tisch verschiedene Zeitschriften gelegt. Jeder Schüler sucht und schneidet sich aus diesen Zeitschriften drei Fotos heraus, die seine Person charakterisieren. Das können beispielsweise Fotos sein, die seine Hobbys widerspiegeln, seine Wünsche oder einfach nur sein Lieblingsessen.

Anschließend stellt jeder Schüler die ausgewählten Fotos vor und begründet, warum er gerade diese ausgewählt hat. Erfahrungsgemäß berichtet dann jeder Schüler etwas über sich, hat aber selbst darauf Einfluss, wie viel er über sich selbst erzählen möchte.

1.9   Namenmemory

Die Schüler sitzen im Stuhlkreis. Der erste sagt seinen Namen. Sein Nachbar wiederholt diesen und nennt seinen Namen. Der nächste Nachbar muss nun den ersten und zweiten Namen wiederholen und dann seinen Namen hinzufügen. Die Kette der zu wiederholenden Namen wird so immer größer.

Sinnvoll ist es, dieses Spiel mit zwei Durchläufen zu spielen, denn dann muss auch der erste, der nur seinen Namen nennen musste, alle Namen wiederholen.

Eine Variante des Spieles besteht darin, den Vornamen z. B. mit Verben und Adverben, bzw. Substantiven zu ergänzen.
(z. B. „Stefan sitzt schnell" oder „Hans hat Heimweh")

1.10   Namensschilder zuordnen

Voraussetzungen:

● Die Schüler sitzen im Stuhlkreis oder die Tische stehen in Hufeisenform.
● Die Schüler haben bereits mindestens ein Kennenlernspiel durchgeführt.

Die Namensschilder aller Schüler werden in die Mitte des Raumes gestellt. Zwei Schüler werden ausgewählt, die ihren Mitschülern die richtigen Namensschilder wieder zuordnen.

2 Methoden als Einstieg und zur Motivation

Einführung

Keiner verspürt großes Interesse ein Buch zu lesen, das langatmig und ohne Spannung beginnt. Eine Unterrichtseinheit – auch wenn sie noch so „spannend" für die Lerngruppe formuliert wird, führt zu Desinteresse, wenn ein motivierender Einstieg fehlt. Die folgenden Methoden bieten eine Hilfestellung, die Schüler motiviert in eine (neue) Unterrichtseinheit abzuholen.

2.1   Assoziationen mit Fotos

Beschreibung

Die Schüler sitzen – soweit möglich – im Stuhlkreis. In der Mitte werden auf dem Boden Fotografien* aus Zeitschriften offen gelegt. Jeder Schüler nimmt sich ein Foto, mit dem er zu einer vorgegebenen Themenstellung Erfahrungen oder ein Erlebnis verbindet.

* Alternativ können auch Postkarten dienen

Einsatzmöglichkeiten:

Diese Methode eignet sich vor allem, um:
- Assoziationen und schöpferisches Denken zu fördern,
- Gedanken und eigene Erfahrungen mitteilen zu können.

Vorbereitung:

Fotos müssen aus Zeitschriften gesammelt werden. Dabei sollten mindestens doppelt so viele Fotos angeboten werden, wie sich Schüler in der Lerngruppe befinden, damit für jeden Auswahlalternativen zur Verfügung stehen.

Ablauf:

1. Phase: Fotos aussuchen

Die Schüler werden mit dem Thema konfrontiert. Es eignen sich nur solche Themen, die Assoziationen zulassen. Wichtig ist in dieser Phase, dass die Schüler ausreichend Zeit erhalten, um sich die Fotos anzuschauen und über mögliche Assoziationen nachzudenken.

2. Phase: Reflexion

Jeder Schüler darf seine Assoziationen zu dem Foto bezogen auf die Themenstellung beschreiben und erläutern.

Sozialformen:

1. Phase = Einzelarbeit
2. Phase = Plenum

Unterrichtsbeispiele:

Welche Erfahrungen oder Erlebnisse verbinden Sie mit dem Thema:
- Gewalt
- Aktive Freizeitgestaltung
- Tod
- Religion
- Berufswünsche
- …

Methoden als Einstieg und zur Motivation

2.2 Collagen

Beschreibung

Die Schüler werden mit einem Thema konfrontiert. Mithilfe von Zeitschriften sollen Fotos oder Situationen herausgesucht, ausgeschnitten und auf eine Wandzeitung geklebt werden. Die Collage soll die Assoziation der Schüler zu dem Thema widerspiegeln.

Einsatzmöglichkeiten:

Diese Methode eignet sich vor allem, um:
- Assoziationen und schöpferisches Denken zu fördern,
- Gedanken und eigene Erfahrungen mitzuteilen,
- Erlerntes zu wiederholen und zu vertiefen.

Vorbereitung:

Es müssen Zeitschriften, Scheren, Klebstoffe und Plakate bereitgestellt werden.

Ablauf:

1. Phase: Collagen erstellen

Die Schüler werden mit dem Thema konfrontiert und schneiden aus Zeitschriften passende Fotos oder Situationen heraus. Sie erstellen eine Collage, die auf ein Wandplakat geklebt wird.

2. Phase: Präsentation und Reflexion

I. d. R. erfolgt die Erarbeitung in Gruppenarbeit. Jede Arbeitsgruppe präsentiert anschließend ihre Ergebisse und erläutert ihre Assoziationen zum Thema.

Variante:

Alternativ können die Lernenden Sachen, Gegenstände oder Situationen aus Zeitschriften heraussuchen, die zuvor erlernte Definitionen darstellen. Diese werden auf Wandzeitungen geklebt. Ziel ist es, dass zu den einzelnen Definitionen Assoziationen hergestellt werden. Bei einer anschließenden Präsentation müssen die Schüler vor der Klasse begründen, warum die Collage einen Fachbegriff widerspiegelt.

Sozialformen:

1. Phase = Gruppenarbeit
2. Phase = Plenum

Unterrichtsbeispiel:

Welche Erfahrungen oder Erlebnisse verbinden Sie mit dem Thema:
- Gewalt
- Aktive Freizeitgestaltung
- Tod
- Religion
- Krieg
- …

Methoden als Einstieg und zur Motivation

2.3   Dialog

Beschreibung

Ein Dialog zwischen zwei (oder mehreren) Akteuren wird von Schülern vorgelesen. Die Schüler können beim Vorlesen auf ihren Plätzen sitzen bleiben. Jedoch sollten sie möglichst weit auseinander sitzen, damit die Gesprächsteilnehmer sich akustisch voneinander abheben.

Ein Dialog bietet die Möglichkeit, hohe Aufmerksamkeit für einen Unterrichtseinstieg zu erzeugen. Zugleich besteht die Möglichkeit, den Schülern Informationen zu präsentieren, die sie im weiteren Unterrichtsverlauf bearbeiten müssen. Beispielsweise werden durch ein Gespräch Pro- und Kontraargumente gegenübergestellt, die die Schüler später auf Moderatorenkarten sammeln und präsentieren müssen.

Einsatzmöglichkeiten:

Diese Methode eignet sich vor allem, um:

● Aufmerksamkeit für einen Unterrichtseinstieg zu erzeugen,
● Informationen zu präsentieren, die in einer weiteren Erarbeitungsphase bearbeitet werden.

Vorbereitung:

Ein Gesprächsablauf muss geschrieben werden, der entsprechend seiner Zielsetzung die notwendigen Informationen enthält. Dient der Dialog der Informationsbeschaffung, ist es grundsätzlich sinnvoll, bei leistungsschwachen Lerngruppen den Text des Gesprächsablaufes zum Mitlesen vorher auszuhändigen.

Ablauf:

1. Phase: Dialog

Schüler lesen den Gesprächsablauf vor.

2. Phase: Erarbeitung/Reflexion

Die Informationen aus dem vorgetragenen Text werden ausgewertet. Hierfür können beispielsweise die Vor- und Nachteile aus dem Gespräch herausgearbeitet und auf Moderatorenkarten zusammengetragen werden.

Sozialformen:

1. Phase = Plenum
2. Phase = Partnerarbeit, Gruppenarbeit oder Plenum

Methoden als Einstieg und zur Motivation

Unterrichtsbeispiel: „Kreditkarte"

■ FALLBEISPIEL:

Frau Kloose geht zu ihrer Hausbank und möchte sich über Kreditkarten informieren. Am Schalter trifft sie die Kundenberaterin **Frau Müller** an, die sie schon seit vielen Jahren kennt.

Kloose: Hallo Frau Müller, nein, Sie sind ja heute wieder schick angezogen.

Müller: Hallo Frau Kloose, finden Sie? Danke, dieses Kleid habe ich letzte Woche gekauft. Ich war zufällig in Frankfurt. Eigentlich wollte ich ja gar nicht einkaufen, aber dann habe ich dieses Prachtstück entdeckt. Ich hatte zwar kein Geld dabei, aber zum Glück meine Kreditkarte, sodass ich ganz spontan „zuschlagen" konnte. Hat sich gelohnt nicht wahr?

Kloose: Ja, wirklich, ausgesprochen elegant. Aber da sind wir auch genau beim Thema: Ich wollte mich nämlich bei Ihnen nach Kreditkarten erkundigen… Wenn ich ganz ehrlich bin, weiß ich überhaupt nicht, wie eine Kreditkarte funktioniert und welche Vorteile sie mir bringt.

Müller: Wir vom Bankhaus Wolff bieten Ihnen die Kreditkarten von Mastercard oder Visa an. Die beiden Kreditkarten werden inzwischen in rund 170 Ländern bei über 10 Mio. Geschäften, Hotels usw. akzeptiert.

Kloose: Heißt das, dass ich nicht automatisch überall damit bezahlen kann?

Müller: Nein, nur dort, wo Sie das Zeichen des jeweiligen Kreditkartenunternehmens sehen. Bei Unternehmen mit diesem Zeichen handelt es sich um sogenannte Vertragsunternehmen der Kreditkartenorganisation. Aber, wie gesagt, die Kreditkarten von Mastercard oder Visa sind inzwischen weltweit verbreitet. Es gibt allein 370.000 Akzeptanzstellen in Deutschland.

Kloose: Ja, prima. Angenommen, ich zahle mit der Kreditkarte, welche Vorteile habe ich dann?

Müller: Erstens brauchen Sie nicht immer Bargeld mit sich herumzutragen. Das heißt, Sie können sehr viel sicherer einkaufen. Selbst wenn Ihnen die Kreditkarte gestohlen wird, haften Sie maximal nur mit 50,00 EUR. Und Sie erhalten bei einer geringen Kostenbeteiligung eine Ersatzkarte. Hinzu kommt, dass Sie ganz spontan ohne Bargeld einkaufen können, so wie ich letzte Woche; Karte und Unterschrift reichen! Sie haben natürlich noch weitere Vorteile.

Kloose: Ach was?

Müller: Sie können auch mithilfe der Kreditkarte Bargeld an Geldausgabeautomaten abheben. Das funktioniert genauso wie mit Ihrer Bankkarte. Sie geben Ihre Geheimnummer und den gewünschten Betrag in den Automaten ein und bekommen sofort das Bargeld.

Kloose: Das klingt alles sehr interessant. Aber das muss doch auch etwas kosten?

Müller: Ja, natürlich, Sie zahlen eine sogenannte Jahresgebühr. Diese beträgt bei unserer Bank 20,00 EUR. Zahlen Sie mit der Kreditkarte, z. B. einen Mietwagen oder ein Hotel, so sind Sie automatisch auf Reisen unfallversichert.

Kloose: So, so, aber mein Mann hat mir erzählt, dass dieser Versicherungsschutz zum Teil überflüssig ist…

Müller: Naja, gut.

Kloose: Und nun müssen Sie mir noch erklären, ob das Geld direkt von meinem Konto abgebucht wird, oder…?

Methoden als Einstieg und zur Motivation

Unterrichtsbeispiel: „Kreditkarte" (Fortsetzung)

Müller: Die Kreditkartenorganisation sammelt vier Wochen die Belege Ihrer Einkäufe mit der Kreditkarte, schickt Ihnen einmal im Monat eine sehr übersichtliche Abrechnung zu und belastet zu diesem Zeitpunkt Ihr Konto mit dem entsprechenden Gesamtbetrag.

Kloose: Ich bekomme also nur einmal im Monat eine Abrechnung, das heißt doch aber auch, dass ich sehr schnell die Übersicht verliere, was ich in diesem Monat schon alles mit der Kreditkarte bezahlte habe…

Müller: Nun ja, einmal im Monat erhalten Sie eine Abrechnung. Bedenken Sie den Zinsvorteil, den Sie haben, wenn Sie nicht sofort mit dem Betrag belastet werden…

Kloose: Ja sicher, aber ich muss ständig nachrechnen, ob zum Abrechnungstermin genug Geld auf meinem Konto ist. Falls nicht und ich mein Konto überziehe, was würde das kosten?

Müller: Die Sollzinsen liegen zwischen 9 % und 17 % pro Jahr.

Kloose: Oh, ist das nicht ziemlich hoch?

Müller: Naja…

Kloose: Insgesamt klingt das sehr interessant. Mein Mann hat ja ein Fahrradfachgeschäft, in dem wir mit Fahrrädern und Ersatzteilen handeln, aber auch Fahrradreparaturen durchführen. Würden Sie es auch meinem Mann empfehlen, in unserem Fahrradgeschäft Kreditkarten zu akzeptieren?

Müller: Das muss natürlich Ihr Mann entscheiden, aber es bringt Vorteile mit sich: Ihr Mann kann mit einer Steigerung des Umsatzes rechnen, da die sogenannten Spontankäufe zu Mehreinnahmen führen können. Hinzu kommt, dass nicht das Unternehmen Ihres Mannes das Kreditrisiko trägt, sondern die Kreditkartenorganisation, denn das Geschäft erhält von der Kreditkartenorganisation den Kaufbetrag, auch wenn die Karte missbräuchlich verwendet wurde.

Kloose: Und die Nachteile?

Müller: Nun ja, die Kreditkartenorganisationen behalten zwischen 3–8 % des Rechnungsbetrages als Provision ein.

Kloose: Das schmälert also den Gewinn, und man hat den ganzen Aufwand mit den Abwicklungsformalitäten und Belegen. Gut Frau Müller, soweit erstmal vielen Dank, ich werde meinem Mann von unserem Gespräch erzählen, und falls ich mich privat oder er sich für die Akzeptanz von Kreditkarten entscheiden sollte, melden wir uns!

Müller: Also bis bald. Tschüß!

Kloose: Tschüß, Frau Müller!

 Arbeitsauftrag:

Verfolgen Sie den Text des Hörspiels und markieren Sie sich:

Gruppe 1:
Die Vorteile, die der Besitz einer Kreditkarte für **Frau Kloose** mit sich bringt!

Gruppe 2:
Die **Nachteile**, die der Besitz einer Kreditkarte für **Frau Kloose** mit sich bringt!

Gruppe 3:
Die **Vorteile**, die die **Fahrradbau GmbH** durch die Akzeptanz von Kreditkarten hätte!

Gruppe 4:
Die **Nachteile**, die die **Fahrradbau GmbH** durch die Akzeptanz von Kreditkarten hätte!

▶ Übertragen Sie Ihre Argumente auf Moderatorenkarten.
▶ Bestimmen Sie zwei Schüler oder Schülerinnen, die ihre Ergebnisse an der Tafel vorstellen.

2.4   Karikaturen

Beschreibung

Auf eine Folie wird eine Karikatur kopiert. Diese dient als Einstieg in eine Unterrichtsstunde oder -einheit.

Einsatzmöglichkeiten:

Diese Methode eignet sich vor allem, um:
● durch Provokation zu motivieren,
● Gedanken zu (aktuellen) Themen spontan einzubringen.

Vorbereitung:

Karikaturen müssen aus verschiedenen Zeitungen oder Lehrbüchern ausgewählt werden. Auch im Internet sind eine Vielzahl von Karikaturen zu finden (z. B. *www.c5.net*)
Hinweis: Eine Veröffentlichung von Karikaturen bedarf der Zustimmung des Autors und ist u. U. gebührenpflichtig.

Ablauf:

1. Phase: Präsentation

Die Schüler werden mit der Karikatur konfrontiert und bekommen Zeit, diese auf sich wirken zu lassen.

2. Phase: Reflexion

Die Reflexion einer Karikatur als Unterrichtseinstieg erfolgt in drei Schritten:
1. Schritt: Beschreibung, was in der Karikatur zu sehen ist.
2. Schritt: Interpretation der (provokanten) Aussage der Karikatur.
3. Schritt: Überleitung zur Erarbeitungsphase

Sozialformen:

1. Phase = Plenum
2. Phase = Plenum

Methoden als Einstieg und zur Motivation

Unterrichtsbeispiele:

Einstieg in das Thema:
„Kosten des Sozialstaates"

Einstieg in das Thema
„Absatz"

Quelle: CCC, München

„Blödsinnig, diese Werbung."

Quelle: CCC, München

2.5   Museumsmethode (auch Basarmethode)

Beschreibung

Die Schüler sitzen – soweit möglich – im Stuhlkreis. Es werden Gegenstände in die Mitte gelegt. Jeder Schüler sucht sich jeweils einen Gegenstand aus, der für ihn im Zusammenhang mit dem vorgegeben Thema steht.

Einsatzmöglichkeiten:

Diese Methode eignet sich vor allem, um:

- Assoziationen und schöpferisches Denken zu fördern,
- Gedanken und eigene Erfahrungen mitteilen zu können.

Vorbereitung:

Gegenstände müssen ausgesucht und gesammelt werden. Dabei sollten mindestens 25 % mehr Gegenstände bereitgestellt werden, als sich Schüler in der Lerngruppe befinden. Außerdem bietet die Möglichkeit einer Mehrfachwahl den Vorteil, dass für jeden eine Auswahlalternative zur Verfügung steht. Ein oder mehrere Schüler können so den selben Gegenstand wiederholt auswählen.

Ablauf:

1. Phase: Gegenstand auswählen

Die Schüler werden mit dem Thema konfrontiert. Es eignen sich nur solche Themen, die Assoziationen zulassen. Wichtig ist in dieser Phase, dass die Schüler ausreichend Zeit erhalten, um sich die Gegenstände anzuschauen und über mögliche Assoziationen nachzudenken.

2. Phase: Reflexion

Die Schüler nehmen den Gegenstand, für den sie sich entschieden haben, aus der Kreismitte heraus. Anschließend darf jeder Schüler seine Assoziationen zu dem Gegenstand, bezogen auf die Themenstellung, beschreiben und erläutern.

Sozialformen:

1. Phase = Einzelarbeit
2. Phase = Plenum

Unterrichtsbeispiele:

Welche Erfahrungen oder Erlebnisse verbinden Sie mit dem Thema:

- Gewalt
- Aktive Freizeitgestaltung
- Tod
- Religion
- Berufswünsche
- …

2.6 Punktabfrage

Beschreibung

Auf einer Skala, die Stimmungen oder Meinungen darstellt, heften die Schüler Klebepunkte. Anhand einer Häufung der Klebepunkte in bestimmten Bereichen erhalten der Lehrer und Plenum eine Rückmeldung über Vorkenntnisse oder Meinungen zu einem bestimmten Thema.

Einsatzmöglichkeiten:

Diese Methode eignet sich vor allem, um:

- ein Meinungsbild der Lernenden zu einem Unterrichtsthema vor oder nach der entsprechenden Unterrichtsreihe zu erhalten,
- Stimmungen vor oder nach einem Seminar zu sammeln,
- demokratische Entscheidungen zu treffen.

Vorbereitung:

Auf einem Plakat oder an der Tafel wird die Skala mit den Fragestellungen festgehalten.

Ablauf:

1. Phase: Konfrontation

Die Schüler werden mit einer offenen Fragestellung konfrontiert. Diese sollte visualisiert werden.

2. Phase: Durchführung

Die Schüler legen ihre Entscheidung/Meinung offen, indem Sie einen Klebepunkt auf einer Skala zuordnen. Problematisch ist, dass die Anonymität während der Abstimmung nicht gewährleistet ist. Ist eine anonyme Punktabfrage sinnvoll, sollte sie hinter der aufgeklappten Tafel oder an der Rückseite einer Pinnwand erfolgen. Die Schüler kommen dann einzeln nach vorne und kleben entsprechend ihrer Entscheidung/Meinung die Punkte an.

Anregung:
Wird die Skala auf einer Tafel erstellt, können die Schüler mit Kreide Kreuze an den entsprechenden Stellen machen. Dieses spart Kosten für Klebepunkte.

3. Phase: Reflexion

Das Ergebnis wird hinterfragt und dient der weiteren Erarbeitung.

Sozialformen:

1. Phase = Plenum
2. Phase = Einzelarbeit
3. Phase = Plenum

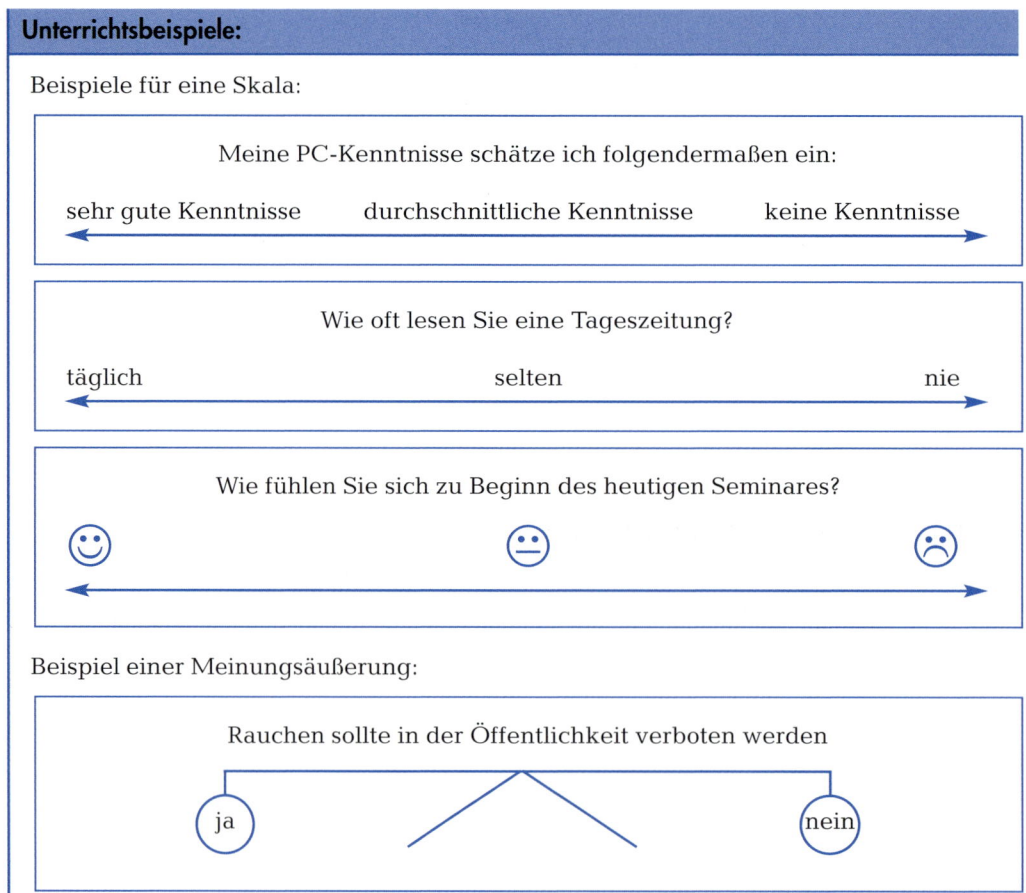

Unterrichtsbeispiele:

Beispiele für eine Skala:

> Meine PC-Kenntnisse schätze ich folgendermaßen ein:
>
> sehr gute Kenntnisse   durchschnittliche Kenntnisse   keine Kenntnisse

> Wie oft lesen Sie eine Tageszeitung?
>
> täglich   selten   nie

> Wie fühlen Sie sich zu Beginn des heutigen Seminares?

Beispiel einer Meinungsäußerung:

> Rauchen sollte in der Öffentlichkeit verboten werden
>
> ja   nein

Methoden als Einstieg und zur Motivation

2.7 Schlagzeilen

Beschreibung

Oft fehlen Karikaturen zu bestimmten (aktuellen) Themen. Eine Alternative bilden Schlagzeilen aus der Tagespresse. Die Schlagzeilen verschiedener Tageszeitungen zum geplanten Unterrichtsthema werden auf eine Folie kopiert.

Einsatzmöglichkeiten:

Diese Methode eignet sich vor allem, um:
● Gedanken zu aktuellen Themen spontan einzubringen.

Vorbereitung:

Schlagzeilen aus verschiedenen Tageszeitungen werden ausgewählt, herausgeschnitten und auf ein Blatt Papier geklebt. Anschließend wird dieses auf eine Folie kopiert.

Ablauf:

1. Phase: Präsentation

Die Schüler werden mit den Schlagzeilen konfrontiert und bekommen Zeit, diese auf sich wirken zu lassen. In leistungsschwachen Klassen sollten die Schlagzeilen vorgelesen werden.

2. Phase: Reflexion

Die Reflexion der Schlagzeilen als Unterrichtseinstieg erfolgt in zwei Schritten:
1. Schritt: Inhalte der Schlagzeilen hinterfragen.
2. Schritt: Schüler nehmen zum Inhalt der Schlagzeilen Stellung.

Sozialformen:

1. Phase = Plenum
2. Phase = Plenum

Unterrichtsbeispiel: Konjunktur

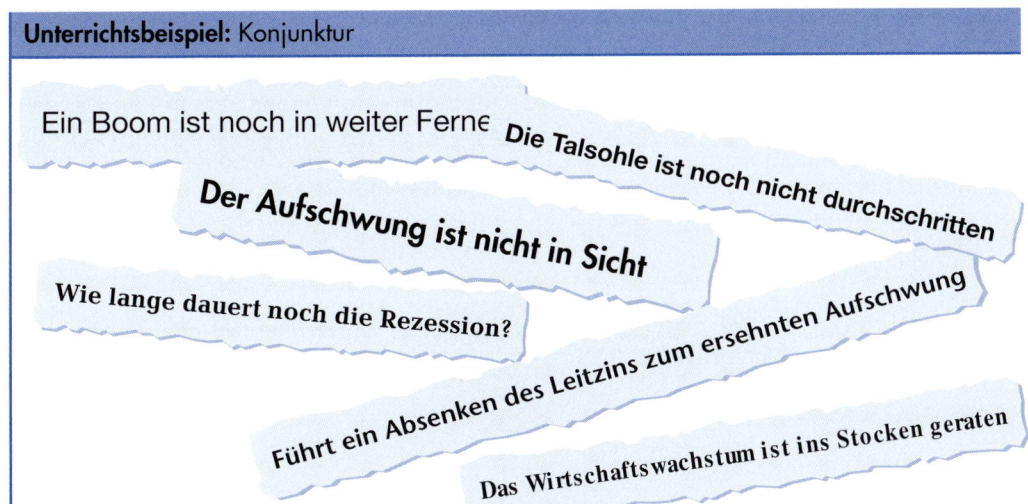

Ein Boom ist noch in weiter Ferne

Die Talsohle ist noch nicht durchschritten

Der Aufschwung ist nicht in Sicht

Wie lange dauert noch die Rezession?

Führt ein Absenken des Leitzins zum ersehnten Aufschwung

Das Wirtschaftswachstum ist ins Stocken geraten

Methoden als Einstieg und zur Motivation

2.8   Themenbörse

Beschreibung

Bietet der Rahmenlehrplan die Chance, dass Schüler Einfluss auf die Themenwahl nehmen können, wie beispielsweise im Politikunterricht, sollten die Lernenden in den Entscheidungsprozess eingebunden werden. Anschließend sollen die Schüler über ihren Themenwunsch abstimmen. Oft sind die Schüler am Ende der Unterrichtseinheit enttäuscht, weil ihre Erwartungen an die Themenstellung nicht erfüllt wurden, da diese der Lehrer vorgegeben hatte.

Einen besseren Einblick in die Inhalte von Auswahlthemen bietet hier die Themenbörse. Bei dieser Methode wählen die Lernenden anhand von Informationsmaterialien das Unterrichtsthema aus.

Einsatzmöglichkeiten:

Diese Methode eignet sich vor allem, um:

● sich einen inhaltlichen Überblick über verschieden Unterrichtsthemen zu verschaffen,
● Informationen auszuwerten und daraus eine Auswahlentscheidung zu treffen.

Vorbereitung:

Der Aufwand für diese Methode ist sehr hoch. Die Informationen über vier bis fünf Themengebiete werden soweit aufbereitet, dass die Schüler sich anhand von Übersichten, Bildern, Schaubildern einen Überblick über diese verschiedenen Themen verschaffen können. Die aufbereiten Materialien können für weitere Themenbörsen genutzt werden.

Ablauf:

1. Phase: Einführung

Die aufbereiteten Informationsmaterialien werden auf einzelne Tische im Klassenzimmer verteilt, vergleichbar mit Informationsständen einer Messe. Anschließend werden die Schüler mit der Methode „Themenbörse" vertraut gemacht und die Auswahlthemen der Themenbörse kurz genannt.

2. Phase: Durchführungsphase

Die Klasse wird in Gruppen aufgeteilt. Diese Kleingruppen können sich frei im Klassenraum bewegen und sich an den Informationstischen über die Themen informieren. Damit die Schüler sich nicht zu oberflächlich informieren, sollte eine Mindestzeit pro Informationstisch vorgegeben werden. Um zu vermeiden, dass zu viele Schüler um einen Tisch herum stehen, bietet es sich auch an, eine feste Rotation von Tisch zu Tisch vorzugeben.

3. Phase: Abstimmung

Abschließend erfolgt eine Abstimmung beispielsweise durch Handzeichen oder durch Punktabfrage (siehe Seite 19)

Sozialformen:

1. Phase = Plenum
2. Phase = Gruppenarbeit
3. Phase = Plenum

3 Methoden zur Ideenfindung

Einführung

„Über den Tellerrand schauen"
Bei den folgenden Methoden geht es darum, Denkstrukturen aufzubrechen und Spontaneität zu entwickeln. Zugleich sollen möglichst alle Schüler in den Lernprozess eingebunden werden. Wichtig und zugleich spannend ist an diesen Methoden, dass das Ergebnis vorher nicht feststeht und somit immer etwas Neues beinhaltet.

Methoden zur Ideenfindung

3.1   Assoziationsstern

Beschreibung

Durch die Art der Visualisierung sollen die Schüler angeregt werden, neue Ideen zu entwickeln. Dabei werden diese Ideen an der Tafel oder am OHP gesammelt und in Form eines Sternes festgehalten.

Einsatzmöglichkeiten:

Diese Methode eignet sich vor allem, um:

● die Kreativität einer Gruppe anzuregen,

● Ideen zu entwickeln und zu visualisieren,

● in die Projektarbeit einzusteigen.

Vorbereitung:

Konkrete Formulierung der Problemstellung.

Ablauf:

1. Phase: Konkretisierung des Problems

Eine Problemstellung, ein Thema oder eine Leitfrage wird in der Mitte der Tafel oder des OHP festgehalten.

2. Phase: Erarbeitung

Auf Zuruf werden aus dem Plenum alle Aussagen zur Problemstellung notiert und als Stern um diese Aussage herum notiert. Dabei gelten folgende Regeln:

● Jede Idee ist willkommen.

● Alle Ideen werden notiert.

● Es kommt zunächst auf Quantität und nicht auf Qualität an.

● Nicht gegeneinander, sondern miteinander denken.

● Originalität und Fantasie sind gefragt – festgefahrene Denkschablonen verlassen!

● Alle Teilnehmer sind gleichberechtigt.

3. Phase: Ideenauswahl und -weiterentwicklung

Jetzt können im Plenum oder in Gruppenarbeit die Ideen weiterentwickelt, hinterfragt und auf ihre Durchführbarkeit überprüft werden. Je nach Komplexität des Problems kann diese Phase Minuten oder Wochen in Anspruch nehmen.

Sozialformen:

1. Phase = Plenum
2. Phase = Plenum
3. Phase = Partnerarbeit, Gruppenarbeit oder Plenum

Unterrichtsbeispiel:

Ausgangssituation:
Der Absatz für den Schoko-Riegel „Dream" ist in den letzten Monaten drastisch zurückgegangen. Die Geschäftsleitung steht vor dem Problem, wie der Absatz gesteigert werden kann.

Methoden zur Ideenfindung

3.2   Brainstorming

Beschreibung

Brainstorming (Gedankensturm) gehört zu den Klassikern der Kreativitätstechnik und fördert die Ideensammlung. Alle Schüler sollen ihre Assoziationen zu einer vorgegebenen Leitfrage formulieren. Die Ideen werden an der Tafel, dem OHP oder der Wandzeitung gesammelt. Wichtig dabei ist, dass die Gedanken frei geäußert werden können und unkommentiert angeschrieben werden. Aus dieser Sammlung werden in einer anschließenden Phase Lösungsmöglichkeiten abgeleitet.

Einsatzmöglichkeiten:

Diese Methode eignet sich vor allem, um:
- die Kreativität einer Gruppe anzuregen,
- Spontaneität zu entwickeln,
- Gedankenstrukturen aufzubrechen,
- Probleme transparent zu machen und hierfür Lösungen zu finden,
- in die Projektarbeit einzusteigen.

Vorteile:

- Ideenphase und Kritikphase sind strikt getrennt.
- Es entsteht eine große Menge an neuen Ideen.
- Die Teilnehmer spornen sich gegenseitig an.
- Einfälle anderer Gruppenmitglieder inspirieren zu weiteren Ideen.

Vorbereitung:

Konkrete Formulierung der Problemstellung.

Methoden zur Ideenfindung

Ablauf:

1. Phase: Konkretisierung des Problems

Ein Thema oder eine Leitfrage wird an der Tafel/am OHP festgehalten.

Unterrichtsbeispiel:

In einer Unterrichtseinheit zum Thema Marketing soll ein Produktname entwickelt werden. Ein Unternehmen der Lebensmittelindustrie hat einen neuen Schoko-Erdnuss-Riegel mit einer cremigen Füllung entwickelt. Die Leitfrage lautet:

„Welche Vorstellungen/Assoziationen haben Sie mit einem solchen Produkt?"

2. Phase: Sturmphase

Ziel dieser Phase ist es, möglichst viele Ideen zu sammeln. Innerhalb einer vorgegebenen Zeit rufen die Schüler nun ihre Einfälle dem Lehrer zu. Alles – auch wenn es noch so abwegig erscheint – wird an der Tafel/einem Plakat notiert.

In dieser Phase sind die folgenden Regeln unbedingt zu beachten:

- Jede Idee ist willkommen.
- Alle Ideen werden notiert.
- Es kommt zunächst auf Quantität und nicht auf Qualität an.
- Kommentare (egal ob in Form von Gestik, Mimik oder Sprache) sind absolut verboten (Kritik ist für den Ideenfluss tödlich).
- Nicht gegeneinander, sondern miteinander denken.
- Originalität und Fantasie sind gefragt – festgefahrene Denkschablonen verlassen!
- Alle Teilnehmer sind gleichberechtigt.
- Nachdem der erste „Gedankensturm" abgeflaut ist, erfolgt eine Pause.

3. Phase: Ideenauswahl und -weiterentwicklung

Jetzt können im Plenum oder in Gruppenarbeit die Ideen kritisiert, weiterentwickelt, hinterfragt und auf ihre Durchführbarkeit überprüft werden. Je nach Komplexität des Problems kann diese Phase Minuten oder Wochen in Anspruch nehmen.

Sozialformen:

1. Phase = Plenum
2. Phase = Plenum
3. Phase = Partnerarbeit, Gruppenarbeit oder Plenum

3.3   Brainwriting oder 6-3-5 Methode

Beschreibung

Beim Brainwriting schreiben **sechs** Gruppenmitglieder jeweils **drei** Lösungsvorschläge auf einen Zettel und reichen diesen **fünf** Mal weiter. Jedes Gruppenmitglied schreibt zunächst in die erste Zeile drei Begriffe/Ideen zu einer Problemstellung. Anschließend gibt es diesen Zettel im Uhrzeigersinn seinem Nachbarn. Dieser ergänzt in der folgenden Zeile den Zettel mit weiteren drei Lösungsalternativen. Dieses wird solange wiederholt, bis alle Gruppenmitglieder ihren eigenen Zettel mit 18 Lösungsvorschlägen wieder erhalten haben.

Aufgrund dieser Zahlenzusammensetzung wird diese Methode auch 6-3-5 Methode genannt. Wobei es auch möglich ist, dass die Gruppe auf fünf Gruppenmitglieder reduziert wird. (5-3-4)

Einsatzmöglichkeiten:

Diese Methode eignet sich vor allem, um:

● kreativ Ideen zu entwickeln,

● Probleme transparent zu machen und hierfür Lösungen zu finden,

● in die Projektarbeit einzusteigen.

Vorteile:

– Es entsteht eine große Menge neuer Ideen.

– Einfälle anderer Gruppenmitglieder inspirieren zu weiteren Ideen.

– Starre Denkschablonen werden aufgebrochen.

Vorbereitung:

Jeder Schüler sollte ein Arbeitsblatt mit einer vorbereiteten Tabelle und der formulierten Problemstellung erhalten. Ist eine derartige Vorbereitung nicht möglich, sollte zumindest jeder Schüler aufgefordert werden, seinen Zettel dreimal quer zu falten, sodass sich drei Spalten ergeben.

Ablauf:

1. Phase: Konkretisierung des Problems

Ein Thema oder eine Leitfrage wird auf einem Arbeitsblatt oder an der Tafel notiert.

Unterrichtsbeispiel:

In einer Unterrichtseinheit zum Thema Marketing soll ein Produktname entwickelt werden. Ein Unternehmen der Lebensmittelindustrie hat einen neuen Schoko-Erdnuss-Riegel mit einer cremigen Füllung entwickelt. Die Leitfrage lautet:

„Welche Vorstellungen/Assoziationen haben Sie mit einem solchen Produkt?"

Methoden zur Ideenfindung

2. Phase: Schreibphase

Jeder schreibt auf seinem Zettel drei Begriffe, die ihm zur Themenstellung einfallen. Sobald alle in der Gruppe drei Begriffe notiert haben, gibt jeder seinen Zettel zum rechten Nachbarn weiter. Inspiriert von den ersten drei Begriffen seines Nachbarn, schreibt nun jeder in die folgende Zeile drei Begriffe. Insgesamt wird der Zettel fünfmal an den rechten Nachbarn weitergegeben bis jeder Zettel 18 Begriffe umfasst.

Unterrichtsbeispiel:

1. Runde	Kalorien	Sonnengereifte Erdnüsse	Geschmack nach Erdnuss
2. Runde	Dicke Menschen	Knackende Schokolade	In Schokoriegel beißen
3. Runde	Der kleine Hunger	Warmes Wetter	Locker gefüllter Riegel
4. Runde	Satt sein	Pralinen	Sportliche junge Menschen
5. Runde	Cremige Schokolade	Menschen am Strand	Meer und Palmen
6. Runde	Ich will noch einen zweiten	Spaß	Ausgelassen sein

3. Phase: Ideenauswahl und -weiterentwicklung

Die Begriffe bilden die Grundlage für das weitere Vorgehen. Zugleich wird hier auch ein Nachteil dieser Methode deutlich. Insgesamt werden bei sechs Gruppenmitgliedern 108 (6 x 3 x 6) Ideen produziert, die auf jeweils sechs Zetteln formuliert sind. Es ist problematisch, diese Vielzahl von Ideen zu visualisieren und anschließend zusammenzutragen.

Unterrichtsbeispiel:

 Arbeitsauftrag:

Entwickeln Sie aus diesen Vorstellungen einen Produktnamen für den Schokoriegel.

Sozialformen:

1. Phase = Plenum
2. Phase = Gruppenarbeit
3. Phase = Partnerarbeit, Gruppenarbeit oder Plenum

3.4 Kartenabfrage

Beschreibung

Die Lernenden schreiben Ideen/Gedanken auf Moderatorenkarten. Die Karten werden nach bestimmten Gesichtspunkten sortiert und zusammengefasst. Dabei werden Diskussionsprozesse initiiert.

Einsatzmöglichkeiten:

Diese Methode eignet sich vor allem, um:
- Gedanken/Meinungen zu sammeln,
- Vorteile/Nachteile zusammenzutragen,
- Pro- und Kontraargumente gegenüber zu stellen.

Vorbereitungen:

Materialbeschaffung:
- Moderatorenkarten
- Dicke Stifte
- Klebeband (sollten Karten an die Tafel geheftet werden)
- Nadeln (sollten Karten an die Pinnwand geheftet werden)

Leitfrage als Überschrift für alle sichtbar notieren.

Ablauf:

1. Phase: Beschriftung der Karten

Die Schüler werden mit einer Leitfrage konfrontiert, die für alle beispielsweise mithilfe einer Folie visualisiert wird. Die Leitfrage sollte offen formuliert werden. Es muss darauf geachtet werden, dass die Karten ggf. begrenzt werden. Wenn bei einer Lerngruppe mit 25 Schülern jeder Schüler vier Karten beschriftet, so wird bei der Vielzahl der Karten die Zuordnung irgendwann langweilig.

> **Regeln:**
> 1. Nur ein Gedanke pro Karte
> 2. In Druckschrift
> 3. Leserlich und groß schreiben
> 4. Maximal 3 Zeilen
> 5. Filzstift zum Beschriften benutzen.

Sollten die Lernenden zum ersten Mal mit Moderatorenkarten arbeiten, sollten die Beschriftungsregeln erklärt und für alle visualisiert werden.

2. Phase: Anhängen der Karten

Zunächst hängen die Schüler ihre Karten unsortiert an die Außenseiten der Tafel oder an eine separate Pinnwand.

Methoden zur Ideenfindung

3. Phase: Clustern

Auf einer freien Fläche werden die Karten zusammengehängt (geclustert/Klumpen gebildet), die inhaltlich zusammengehören. Dabei ist es wichtig, dass die Schüler begründen, weshalb ihrer Ansicht nach die Karten zusammengehören. Hierdurch sollen Diskussionsprozesse über die Karten initiiert und die Inhalte reflektiert werden.

Während der Moderation ist darauf zu achten, dass die Karte:

1. mit ihrem Inhalt gezeigt wird,

2. erst angeheftet wird, sobald sie zugeordnet wurde.

Um die Zusammengehörigkeit optisch zu unterstützen, sollte am Ende dieser Phase um die geclusterten Karten ein Kreis gezogen werden.

Variante:
Alternativ können die Karten vorgegebenen Überschriften zugeordnet werden, indem beispielsweise Pro- und Kontraargumente gesammelt und entsprechend zugeordnet werden.

4. Phase: Überschriften formulieren

Zu den Kartengruppen (Cluster) werden Überschriften formuliert, die den Inhalt aller Karten wiedergeben. Oftmals können die Formulierungen einzelner Karten als Überschrift übernommen werden.

5. Phase: Auswertung

Beispielsweise wird durch eine Punktabfrage ausgewertet, welcher Cluster im weiteren Unterrichtsverlauf inhaltlich intensiver erarbeitet werden soll. Wichtig ist, dass i.d.R. mit der Kartenmethode nicht die Erarbeitung abgeschlossen ist, sondern Schwerpunkte herausgearbeitet werden.

Sozialformen:

1. Phase = Einzelarbeit, Partnerarbeit oder Gruppenarbeit
2. Phase = Einzelarbeit
3. Phase = Plenum
4. Phase = Plenum
5. Phase = Plenum

3.5 Kopfstand-Methode

Beschreibung

Diese Methode wird auch „Umkehr-Methode" genannt. Es wird ein Problem vorgegeben, jedoch wird die Problemstellung gegensätzlich formuliert. Dadurch sind die
Lösungsvorschläge, bezogen auf das eigentliche Problem, zunächst destruktiv. Dieses
hat aber den Vorteil, dass die Schüler das Problem aus einem anderen Blickwinkel
betrachten und somit eine höhere Kreativität entwickeln können.

Einsatzmöglichkeiten:

Diese Methode eignet sich vor allem, um:

- die Kreativität einer Gruppe anzuregen,
- Spontaneität zu entwickeln,
- Gedankenstrukturen aufzubrechen,
- Probleme transparent zu machen und hierfür Lösungen zu finden,
- in die Projektarbeit einzusteigen.

Vorbereitung:

Konkrete Formulierung der umgedrehten Problemstellung.

Ablauf:

1. Phase: Information

Eine umgekehrte Problemstellung oder eine umgekehrte Leitfrage wird an der Tafel/am
OHP festgehalten.

Unterrichtsbeispiel:

In einer Unterrichtseinheit zum Thema Marketing hat ein Unternehmen der Lebensmittelindustrie einen neuen Schoko-Riegel entwickelt. Nun soll für dieses Produkt eine
Verpackung entwickelt werden. Die Leitfrage lautet:

„Welche Eigenschaften muss eine Verpackung erfüllen, damit sie möglichst ungeeignet
ist?"

2. Phase: Erarbeitung von Vorschlägen

Innerhalb einer vorgegebenen Zeit werden nun möglichst viele Ideen gesammelt und
notiert. Durch die umgekehrte Formulierung der Problemstellung soll die Kreativität
gefördert werden.

Unterrichtsbeispiel:

Vorschläge
- Verpackung lässt sich schlecht öffnen.
- Verpackung bietet keinen Schutz vor Krankheitserregern.
- Verpackung sieht nicht appetitlich aus.

Methoden zur Ideenfindung

Methoden zur Ideenfindung

Unterrichtsbeispiel: (Fortsetzung)

- In der Verpackung schmilzt die Schokolade sehr schnell.
- Schriftzug ist schlecht zu lesen.
- Verpackung ist sehr schwer.
- Verpackung ist sehr kostspielig.
- Anhand der Verpackung soll nicht erkannt werden, um welches Produkt es sich handelt.

3. Phase: Umkehrung

Nun wird das Thema ins Gegenteil umgekehrt und die Vorschläge angepasst.

Unterrichtsbeispiel:

Ursprüngliche Vorschläge	Eigenschaften einer guten Verpackung
Verpackung lässt sich schlecht öffnen.	Verpackung lässt sich gut öffnen.
Verpackung bietet keinen Schutz vor Krankheitserregern.	Verpackung bietet optimalen Schutz vor Krankheitserregern.
Verpackung sieht nicht appetitlich aus.	Verpackung sieht appetitlich aus.
In der Verpackung schmilzt die Schokolade sehr schnell.	In der Verpackung schmilzt die Schokolade sehr langsam.
Schriftzug ist schlecht zu lesen.	Schriftzug ist gut zu lesen.
Verpackung ist sehr schwer.	Verpackung ist sehr leicht.
Verpackung ist sehr kostspielig.	Verpackung ist sehr kostengünstig.
Anhand der Verpackung soll nicht erkannt werden, um welches Produkt es sich handelt.	Anhand der Verpackung soll sofort erkannt werden, um welches Produkt es sich handelt.

4. Phase: Erarbeitung von Lösungsvorschlägen

In dieser Phase werden konkrete Lösungsvorschläge erarbeitet.

Unterrichtsbeispiel:

Eigenschaften einer guten Verpackung	Lösungsvorschläge
Verpackung lässt sich gut öffnen.	Einkerbungen, die das Öffnen erleichtern.
Verpackung bietet optimalen Schutz vor Krankheitserregern.	Vakuumverpackung aus Kunststoff.
Verpackung sieht appetitlich aus.	Entsprechendes Design.
In der Verpackung schmilzt die Schokolade sehr langsam.	Material, das die Hitze zurückhält.
Schriftzug ist gut zu lesen.	Gut lesbare Schrift, kontrastreiche Schriftfarbe.

Unterrichtsbeispiel: (Fortsetzung)

Eigenschaften einer guten Verpackung	Lösungsvorschläge
Verpackung ist sehr leicht.	Entsprechendes Verpackungsmaterial.
Verpackung ist sehr kostengünstig.	Kostengünstiges Material, alternative Angebote einholen.
Anhand der Verpackung soll sofort erkannt werden, um welches Produkt es sich handelt.	Entsprechendes Verpackungsdesign.

Sozialformen:

1. Phase = Gruppenarbeit, Plenum
2. Phase = Gruppenarbeit, Plenum
3. Phase = Gruppenarbeit, Plenum
4. Phase = Gruppenarbeit, Plenum

3.6   Sätze beenden

Beschreibung

Auf einem Plakat steht ein Satzanfang, wie beispielsweise:

● Von einer guten Schule erwarte ich, dass …

● Um Gewalt in unserer Gesellschaft zu senken, sollten wir …

● Um den Absatz von Schokoriegeln zu steigern, sollten wir …

Die Schüler vollenden auf einem Plakat den Satzanfang. Wobei möglichst viele Satzenden gefunden werden sollen. Anschließend präsentieren sie ihre Ergebnisse vor der Klasse.

Einsatzmöglichkeiten:

Diese Methode eignet sich vor allem, um:

● die Kreativität einer Gruppe anzuregen,

● Spontaneität zu entwickeln,

● Gedankenstrukturen aufzubrechen,

● verschiedene Aspekte eines Themas zu erkennen,

● eigene Ideen wahrzunehmen und themenbezogen zu formulieren.

Vorbereitung:

Formulierung eines Satzanfangs, der die Problemstellung erfasst. Dieses wird auf Plakate geschrieben. Die Anzahl der Plakate richtet sich nach der Zahl der Arbeitsgruppen.

Methoden zur Ideenfindung

Ablauf:

1. Phase: Erarbeitung

Nachdem der Lehrer die Schüler in die Thematik eingeführt hat, wird die Lerngruppe in Arbeitsgruppen aufgeteilt. Jede Gruppe erhält ein Plakat und vervollständigt den Satzanfang. Jeder kann so viele Satzenden formulieren, wie ihm einfallen.

2. Phase: Präsentation und Reflexion

Die Arbeitsgruppen präsentieren ihre Ergebnisse. Je nach Themenstellung werden anschließend in einer Diskussionsrunde die Umsetzungsmöglichkeiten reflektiert.

Sozialformen:

1. Phase = Gruppenarbeit
2. Phase = Plenum

Unterrichtsbeispiel: „Absatz"

Um den Absatz von Schokoriegeln zu steigern, sollten wir:

- ein Preisausschreiben veranstalten,
- mehr Anzeigen schalten,
- in Geschäften unseren Schokoriegel kostenlos verteilen,
- den Preis senken,
- …

3.7   Was wäre, wenn...

Beschreibung

Vergleichbar mit der Methode „Sätze beenden" wird auf einem Plakat ein Satz notiert. Jedoch beginnt die Aussage mit „Was wäre, wenn…". Dadurch provoziert sie und mögliche Vor- und Nachteile können abgeleitet werden.

Einsatzmöglichkeiten:

Diese Methode eignet sich vor allem, um:

- die Kreativität einer Gruppe anzuregen,
- Spontaneität zu entwickeln,
- Gedankenstrukturen aufzubrechen,
- verschiedene Aspekte eines Themas zu erkennen.

Vorbereitung:

Formulierung einer provokanten Aussage. Diese wird auf ein Plakat geschrieben. Erfolgt die Erarbeitung in einzelnen Arbeitsgruppen, richtet sich die Anzahl der Plakate nach den Arbeitsgruppen.

Ablauf:

1. Phase: Erarbeitung

Nachdem der Lehrer die Schüler in die Thematik eingeführt hat, wird die Lerngruppe in Arbeitsgruppen aufgeteilt. Jede Gruppe erhält ein Plakat und stellt mögliche Vor- und Nachteile, die sich aus der Aussage ergeben, gegenüber.

2. Phase: Präsentation und Reflexion

Die Arbeitsgruppen präsentieren ihre Ergebnisse. Je nach Themenstellung werden anschließend in einer Diskussionsrunde die Argumente reflektiert und daraus zukünftige Chancen und Entwicklungen abgeleitet.

Sozialformen:

1. Phase = Gruppenarbeit oder Plenum
2. Phase = Plenum

Unterrichtsbeispiel: Bedeutung des Einzelhandels

Was wäre, wenn die Hersteller nur noch über das Internet ihre Produkte anbieten?

Vorteile für den Verbraucher	Nachteile für den Verbraucher
● Produkte können preiswerter angeboten werden.	● fehlende Beratung
● Lieferung direkt nach Hause.	● zeitaufwendiger Produktvergleich
● …	● zeitaufwendiger Preisvergleich
	● Produkt kann nicht getestet werden
	● …

Methoden zur Ideenfindung

Methoden zur Informationsbeschaffung und -verarbeitung

Einführung

„Wir ertrinken in Informationen und dürsten nach Wissen."
Dieses Zitat macht deutlich, dass wir uns immer mehr zu einer Informationsgesellschaft entwickeln. Damit sind zugleich im beruflichen Alltag neue Anforderungen verbunden. Einerseits sind wir auf eine Vielzahl von Informationen angewiesen. Auf der anderen Seite müssen die Vielzahl von Informationen gesammelt, ausgewertet und aufbereitet werden.

Im Unterricht müssen Kompetenzen vermittelt werden, die es ermöglichen, Informationen zu beschaffen und zu verarbeiten. Hierfür stehen verschiedene Methoden zur Verfügung, die die Lernenden entsprechend auf motivierende Weise fördern.

4.1　Bilderrätsel

Beschreibung

Die Schüler erhalten Definitionen/Erklärungen von Begriffen. Diese sollen sie in einem Bild/Foto wiedererkennen und markieren. Anschließend werden die Ergebnisse am OHP präsentiert.

Einsatzmöglichkeiten:

Diese Methode eignet sich vor allem, um:
- Einteilungen von Begriffen zu erarbeiten,
- Definitionen zu erklären.

Vorteile:

- Schüler setzen Definitionen/Erklärungen in Grafiken um.
- Aktivierung der rechten Gehirnhälfte.

Vorbereitung:

Entsprechende Bilder heraussuchen, die für eine Definition/Erklärung geeignet sind. Besonders in Bilderbüchern für Kleinkinder sind oftmals entsprechende Abbildungen zu finden.

Ablauf:

1. Phase: Durchführung

Die Schüler erhalten ein Bild, eine Zeichnung oder ein Foto und sollen Fachbegriffe, die sie in dem Bild wiederfinden, markieren. Ein zusätzlicher Lernerfolg wird erzielt, wenn die Schüler ihre Markierung schriftlich begründen.

2. Phase: Auswertung

Das Bild wird auf eine Folie kopiert. Anschließend präsentieren und begründen die Schüler ihre Ergebnisse am Overheadprojektor.

Sozialformen:

1. Phase = Partner- oder Gruppenarbeit
2. Phase = Plenum

Unterrichtsbeispiel: „Güter als Mittel der Bedürfnisbefriedigung"

 FALLBEISPIEL:

Sie sehen auf dem folgenden Bild das Treiben der Menschen in der Stadt Ökonomix. Die Menschen leben dort mit einer Vielzahl von Gütern. Diese Güter lassen sich je nach ihrer Beschaffenheit einteilen.

Methoden zur Informationsbeschaffung und -verarbeitung

Unterrichtsbeispiel: (Fortsetzung)

Beispiel: „Güter als Mittel der Bedürfnisbefriedigung"

Quelle: E. Dietl, U. Andresen, Die Ampel, Ravensburger Buchverlag

 Arbeitsauftrag:

1. Lesen Sie die folgenden Informationen über die Güterarten.

2. Gruppe **A**: Markieren Sie bis zu 5 **Gebrauchsgüter** mit rot und 5 **Verbrauchsgüter** grün.

   Gruppe **B**: Markieren Sie bis zu 5 **Investitionsgüter** mit rot und 5 **Konsumgüter** grün.

   Gruppe **C**: Markieren Sie bis zu 5 **materielle Güter** mit rot und 5 **immaterielle Güter** grün.

3. Begründen Sie schriftlich, weshalb Sie die Güter jeweils im Bild markiert haben.

Einteilung nach der Nutzungsdauer   **Einteilung nach der Verwendung**

Gebrauchsgüter	Verbrauchsgüter	Investitionsgüter	Konsumgüter
Diese Güter unterliegen einer längeren Nutzungsdauer.	Diese Güter verwandeln sich bei ihrer Nutzung oder gehen bei ihrer Nutzung unter (sie werden verbraucht).	Diese Güter dienen der Herstellung anderer Güter.	Diese Güter dienen der unmittelbaren Verwendung für den Endverbraucher.

Einteilung nach der Beschaffenheit

Materielle Güter	Immaterielle Güter
Diese Güter sind körperlicher Natur, d. h. man kann sie anfassen.	Bei diesen Gütern handelt es sich um Dienstleistungen oder Rechte.

Platz für Ihre Begründungen:

_____

_____

_____

_____

_____

_____

_____

_____

_____

_____

_____

_____

_____

_____

Methoden zur Informationsbeschaffung und -verarbeitung

4.2   Buchstabensalat

Beschreibung

Oftmals gibt es Fakten, die die Schüler nur durch Selbststudium erlernen können. Hierzu fehlt den Schülern i. d. R. die Motivation. Bei dieser Methode werden Begriffe die entsprechenden Erklärungen bzw. Definitionen gegenüber gestellt. Jedoch sind die Buchstaben der Begriffe wahllos aneinandergereiht, sodass sie keinen Sinn ergeben. Mithilfe ihres Lehrbuches müssen sich die Schüler mit den Inhalten auseinandersetzen, um so die richtigen Begriffe zu finden oder aus den Erklärungen die Buchstaben wieder richtig zusammenzusetzen.

Einsatzmöglichkeiten:

Diese Methode eignet sich vor allem, um:

- Definitionen zu lernen,
- selbstständig Wissen anzueignen,
- bekanntes Wissen zu vertiefen.

Vorbereitung:

Auf einem Arbeitsblatt werden Begriffe entsprechenden Erklärungen gegenübergestellt. Anschließend werden die Buchstaben dieser Begriffe so vertauscht, dass das Wort keinen Sinn mehr ergibt.

Ablauf:

1. Phase: Durchführung

Die Schüler erhalten ein Arbeitsblatt mit Definitionen. Die Buchstaben der dazugehörigen Fachbegriffe müssen nun in die richtige Reihenfolge gebracht werden, damit sie lesbar sind. Zur Bearbeitung sollten die Schüler ihr Lehrbuch nutzen. Es stellt eine Hilfestellung für die Beantwortung des Arbeitsauftrages dar. Zugleich werden die Lernenden so auf spielerische Weise herangeführt, sich Inhalte selbst anzueignen.

2. Phase: Auswertung

Im Plenum werden die Ergebnisse verglichen. Hierbei ist es die wichtigste Aufgabe des Lehrers, die Bedeutung der Fachbegriffe zu hinterfragen und für alle verständlich zu machen.

Sozialformen:

1. Phase = Einzel- oder Partnerarbeit
2. Phase = Plenum

Methoden zur Informationsbeschaffung und -verarbeitung

Methoden zur Informationsbeschaffung und -verarbeitung

Unterrichtsbeispiel: „Werbeplan"

FALLBEISPIEL:

Die Schokowerk AG plant die Einführung eines neuen Schokoriegels auf dem Markt. Gezielt soll für diesen neuen Schokoriegel geworben werden.

Die Marketingabteilung wurde beauftragt hierzu einen Werbeplan aufzustellen. Um erfolgreich zu sein, muss die Werbung den richtigen Personenkreis (Zielgruppe) mit geeigneten Mitteln zum günstigen Zeitpunkt in angemessener Intensität ansprechen. Doch welche Kriterien sollte die Marketingabteilung bei der Planung beachten?

 Arbeitsauftrag:

Leider hatte der Drucker die Kriterien, nach denen ein Werbeplan festgesetzt wird, durcheinander gewirbelt. Finden Sie mithilfe Ihres Lehrbuchs heraus, was in einem Werbeplan festgehalten werden muss.

Erläuterungen	Kriterien eines Werbeplans
Dies ist der Personenkreis, der umworben werden soll. Gegliedert nach Zielgruppen (Berufs-, Alters-, Kaufkraftgruppen, Geschlecht).	REISKRUSTE
Dies ist die geografische Region in der geworben wird. Sie ist in der Regel mit dem Absatzgebiet identisch.	BUTTERGEISE
Darunter wird die Auswahl der in Anspruch genommenen Werbeträger und die eingesetzten Werbemittel verstanden.	WURSTGEE
Streukreis und Streugebiet ergeben zusammen die Anzahl der umworbenen Personen.	WEICHTIERE
Sie zeigt das Verhältnis des eingesetzten Werbemittels zum Streugebiet, also die Werbeintensität, z. B. Werbekosten je 1.000 Kontakte. Das Kriterium ergibt sich aus Werbeetat und Reichweite.	TISCHETREUD
Das ist der geplante Zeitpunkt oder Zeitraum für den Einsatz der Werbemittel.	ZITTERSUE

Unterrichtsbeispiel: „Werbeplan" (Fortsetzung)

Lösung:

Erläuterungen	Kriterien eines Werbeplans
Dies ist der Personenkreis, der umworben werden soll. Gegliedert nach Zielgruppen (Berufs-, Alters-, Kaufkraftgruppen, Geschlecht).	REISKRUSTE STREUKREIS
Dies ist die geografische Region in der geworben wird. Sie ist in der Regel mit dem Absatzgebiet identisch.	BUTTERGEISE STREUGEBIET
Darunter wird die Auswahl der in Anspruch genommenen Werbeträger und die eingesetzten Werbemittel verstanden.	WURSTGEE STREUWEG
Streukreis und Streugebiet ergeben zusammen die Anzahl der umworbenen Personen.	WEICHTIERE REICHWEITE
Sie zeigt das Verhältnis des eingesetzten Werbemittels zum Streugebiet, also die Werbeintensität, z. B. Werbekosten je 1.000 Kontakte. Das Kriterium ergibt sich aus Werbeetat und Reichweite.	TISCHETREUD STREUDICHTE
Das ist der geplante Zeitpunkt oder Zeitraum für den Einsatz der Werbemittel.	ZITTERSUE STREUZEIT

4.3 Comic

Beschreibung

Comics bieten die Chance vor allem bei jungen Menschen Interesse zu wecken. Sicherlich bilden Comics in diesem Zusammenhang eine gute Grundlage für eine interessante Unterrichtsgestaltung. Doch oftmals fehlt einem der passende Comic für einen gezielten Unterrichtseinsatz. Mittlerweile gibt es auf dem Markt eine Vielzahl von sehr günstiger Software, mit deren Hilfe nach relativ kurzer Einarbeitungszeit schnell und effektvoll Comics erstellt werden können.

Einsatzmöglichkeiten:

Diese Methode eignet sich vor allem, um:
● einen motivierenden Unterrichtseinstieg zu erzielen,
● Gesetzestexte zu erarbeiten.

Vorbereitung:

Erstellung eines Comics am PC.

Methoden zur Informationsbeschaffung und -verarbeitung

Ablauf:

Alternative 1 als Unterrichtseinstieg	Alternative 2 zur Erarbeitung von Unterrichtsinhalten
1. Phase: Präsentation Ein Comic wird als Folie oder auf einem Arbeitsblatt vorgestellt. Der Inhalt des Comics soll für die folgende Erarbeitungsphase motivieren. **2. Phase: Erarbeitung** Aufgrund der Inhalte des Comics werden Unterrichtsinhalte erarbeitet.	**1. Phase: Erarbeitung** Die Schüler erhalten einen Comic, bei dem sie die Sprechblasen zu einem vorgegebenen Thema ausfüllen müssen. Hinweis: Als Hilfestellung sollte die erste Sprechblase mit einem Dialog ausgefüllt werden. **2. Phase: Präsentation** Der Comic wird auf eine Folie (vergrößert!) kopiert und der erarbeitete Text auf die Folie übertragen. Anschließend wird der Comic mithilfe des OHP vor der Klasse präsentiert. Fachliche Fehler werden korrigiert und der Inhalt hinterfragt.

Sozialformen:

Alternative 1 als Unterrichtseinstieg	Alternative 2 zur Erarbeitung von Unterrichtsinhalten
1. Phase = Plenum 2. Phase = Einzel-, Partner- oder Gruppenarbeit	1. Phase = Partner- oder Gruppenarbeit 2. Phase = Plenum

Unterrichtsbeispiel (Alternative 1): Unternehmensgründung

Unterrichtsbeispiel (Alternative 1): Unternehmensgründung (Fortsetzung)

 Arbeitsauftrag:

Sammeln Sie auf Moderatorenkarten, was Klaus Kloose bei einer Unternehmensgründung alles beachten muss. Präsentieren Sie anschließend Ihre Karten vor der Klasse.

Unterrichtsbeispiel (Alternative 2): Geschäftsfähigkeit

 Arbeitsauftrag:

*Hier sehen Sie **Norbert Nolte** mit seiner kleinen Schwester **Nelly**, die beide in der Stadt einkaufen gehen wollen.*

a) Lesen Sie die Paragraphen 104 bis 108 im BGB. (siehe Auszug)

b) Schreiben Sie einen Comic. Auf den folgenden Seiten sollen Sie in die Sprechblasen einen Dialog schreiben, der folgende Begriffe enthalten muss:

- „6 Jahre"
- „bis zur Vollendung des 18. Lebensjahres"
- „Geschäftsunfähigkeit" oder „geschäftsunfähig"
- „Beschränkte Geschäftsfähigkeit" oder „beschränkt geschäftsfähig"
- „Willenserklärung ist nicht rechtskräftig"
- „Zustimmung der Eltern"

Auszug aus dem BGB

§ 104. Geschäftsunfähigkeit.
Geschäftsunfähig ist:
1. wer nicht das siebente Lebensjahr vollendet hat;
2. wer sich in einem die freie Willensbestimmung ausschließenden Zustande krankhafter Störung der Geistestätigkeit befindet, sofern nicht der Zustand seiner Natur nach ein vorübergehender ist;
3. wer wegen Geisteskrankheit entmündigt ist.

§ 105. Nichtigkeit der Willenserklärung.
(1) Die Willenserklärung eines Geschäftsunfähigen ist nichtig.
(2) Nichtig ist auch eine Willenserklärung, die im Zustande der Bewusstlosigkeit oder vorübergehender Störung der Geistestätigkeit abgegeben wird.

Methoden zur Informationsbeschaffung und -verarbeitung

Unterrichtsbeispiel (Alternative 2): Geschäftsfähigkeit (Fortsetzung)

§ 106. Beschränkte Geschäftsfähigkeit Minderjähriger.
Ein Minderjähriger, der das siebente Lebensjahr vollendet hat, ist nach Maßgabe der §§ 107 bis 113 in der Geschäftsfähigkeit beschränkt.

§ 107. Einwilligung des gesetzlichen Vertreters.
Der Minderjährige bedarf zu einer Willenserklärung, durch die er nicht lediglich einen rechtlichen Vorteil erlangt, der Einwilligung seines gesetzlichen Vertreters.

§ 108. Vertragsschluss ohne Einwilligung.
(1) Schließt der Minderjährige einen Vertrag ohne die erforderliche Einwilligung des gesetzlichen Vertreters, so hängt die Wirksamkeit des Vertrags von der Genehmigung des Vertreters ab.
(2) Fordert der andere Teil den Vertreter zur Erklärung über die Genehmigung auf, so kann die Erklärung nur ihm gegenüber erfolgen; eine vor der Aufforderung dem Minderjährigen gegenüber erklärte Genehmigung oder Verweigerung der Genehmigung wird unwirksam. Die Genehmigung kann nur bis zum Ablaufe von zwei Wochen nach dem Empfange der Aufforderung erklärt werden; wird sie nicht erklärt, so gilt sie als verweigert.
(3) Ist der Minderjährige unbeschränkt geschäftsfähig geworden, so tritt seine Genehmigung an die Stelle der Genehmigung des Vertreters.

Unterrichtsbeispiel (Alternative 2): Geschäftsfähigkeit (Fortsetzung)

Unterrichtsbeispiel (Alternative 2): Geschäftsfähigkeit (Fortsetzung)

4.4   Expertenbefragung

Beschreibung

Hierzu werden externe Personen, sogenannte „Experten" in den Unterricht eingeladen. Sie sollen den Unterricht nicht ersetzen, sondern vielmehr sollen die Schüler die Experten zu einem Themengebiet befragen. Dieses setzt eine gut vorbereitete Hinführung und eine entsprechende Nacharbeitung der Expertenbefragung voraus. Bei der Expertenbefragung unterscheidet man drei Arten:

- strukturierte Interviews,
- teilstrukturierte Interviews,
- wenig strukturierte Interviews.

Während bei den strukturierten Interviews die Fragen in ihrer Formulierung und Reihenfolge genau festgelegt werden, sind die weniger strukturierten Interviews lediglich durch die Vorgabe der inhaltlichen Zielsetzung gekennzeichnet. Die folgende Darstellung bezieht sich auf teilstrukturierte Interviews, für die ein Interviewleitfaden entwickelt wird.

Methoden zur Informationsbeschaffung und -verarbeitung

Einsatzmöglichkeiten:

Diese Methode eignet sich vor allem, um:

- in lebendiger Form Fachinformationen zu bekommen,
- Fachwissen zu vertiefen und zu erweitern,
- Theorie und Praxis miteinander zu verbinden,
- die Scheu vor Experten abzubauen.

Nachteil:

Gefahr der Langeweile und Frustration, wenn der Vortragende langatmig referiert und sich nicht auf das Niveau der Schüler einstellen kann.

Vorbereitung:

→ nach außen:

- Auswahl des/der Experten (Auswahlkriterien: Fachwissen, pädagogisches Geschick)
- Informieren des/der Experten über Ort, Zeitrahmen, genaues Thema der Befragung

→ nach innen:

- ggf. Schulleitung informieren
- ggf. Unterrichtszeit verschieben
- ggf. Klassenzimmer mit Kollegen tauschen

Ablauf:

1. Phase: Vorbereitung

Der Lehrer erläutert zu Beginn das Thema und das Verfahren. Anschließend formulieren die Schüler Fragen (z. B. in Gruppenarbeit), die sie dem Experten stellen wollen. Dabei sollten sie darauf achten, dass:

- die Fragen einfach, klar und leicht verständlich sind,
- die Fragen präzise formuliert sind,
- die Fragen nicht suggestiv sind,
- die Fragen auf die vermuteten Kenntnisse der Experten abgestimmt sind.

Anschließend sollten die Fragen aller Gruppen zu Themengebieten zusammengefasst werden. Jede Gruppe sollte für einen Themenkomplex verantwortlich sein und darauf achten, dass die Fragen zu ihrem Themenkomplex auch tatsächlich an den Experten gerichtet werden.

2. Phase: Durchführung

Zunächst besteht die Aufgabe des Lehrers in einer Begrüßung und kurzen Einführung. Dann geht die Unterrichtsaktivität von den Schülern aus. Während der eigentlichen Expertenbefragung muss der Lehrer darauf achten, dass der Experte auf die gestellten Fragen der Schüler gezielt eingeht und bei der Beantwortung nicht „abschweift". Die Schüler müssen die Gelegenheit haben, nachzufragen, bis die Frage beantwortet ist.

Methoden zur Informationsbeschaffung und -verarbeitung

Während der Befragung muss sichergestellt sein, dass die Antworten des Experten protokolliert werden. Jede Gruppe sollte dafür verantwortlich sein, dass die Antworten der Experten auf ihre Fragen protokolliert und damit schriftlich festgehalten werden.

Abschließend bedankt sich der Lehrer bei allen Beteiligten und schließt die Veranstaltung.

3. Phase: Auswertung

Bei der Nachbereitung muss gewährleistet sein, dass die Antworten auf die Fragen der Gruppen zusammengetragen werden. Hierfür könnte jede Gruppe einen Handzettel erstellen, der die Fragen und die entsprechenden Antworten der Experten enthält.

Die neu gewonnenen Informationen bilden die Grundlage für weitere Arbeitsschritte.

Sozialformen:

1. Phase = Gruppenarbeit und/oder Plenum
2. Phase = Plenum mit Experten
3. Phase = Gruppenarbeit und/oder Plenum

4.5 Fragenkette

Beschreibung

In Klassen mit lernschwachen Schülern ist oft zu beobachten, dass Schüler Probleme haben, konzentriert längere Texte zu lesen und zu verstehen. Hierbei bietet die folgende Methode eine Hilfestellung, weil jeder Schüler, wie bei einem Staffellauf, eine Frage zum Textinhalt formuliert und diese zur Beantwortung an einen Mitschüler weitergibt.

Einsatzmöglichkeiten:

Diese Methode eignet sich vor allem, um:
- den Inhalt von Texten den Schüler verständlich zu machen,
- Schüler zu motivieren, auch längere Texte zu lesen,
- Schüler heranzuführen, einen Textinhalt zu hinterfragen.

Hinweis:

Die Methode eignet sich nur für komplexe Texte, die die Formulierung unterschiedlicher Fragen zulässt.

Ablauf:

1. Phase: Vorbereitung

Die Schüler lesen einen (komplexen) Text. Anschließend formuliert jeder Schüler eine Frage zum Textinhalt und notiert sich diese.

2. Phase: Reflexion

Der Lehrer ruft einen Schüler auf, der seine Frage vorliest. Der Mitschüler, der sich zuerst meldet, darf die Frage beantworten. Beantwortet er die Frage richtig, darf er seine Frage vorlesen usw.

Methoden zur Informationsbeschaffung und -verarbeitung

Der Schüler, der bereits eine Schülerfrage einwandfrei beantwortet hat, soll nicht mehr antworten. Die Fragenkette sollte so lange fortgeführt werden, bis alle Schüler ihre Fragen gestellt haben.

Der hinterfragte Textinhalt dient der weiteren Unterrichtsgestaltung.

Sozialformen:

1. Phase = Einzelarbeit
2. Phase = Plenum

4.6   Grafiken ergänzen

Beschreibung

Die Schüler erhalten eine Grafik, die Rechtsbeziehungen (z. B. Organe einer AG, Aufbau des Aufsichtsrates nach dem Mitbestimmungsgesetz etc.) veranschaulichen soll. In dieser Grafik fehlen jedoch die entsprechenden Bezeichnungen. Diese sind mithilfe eines Informationstextes zu ergänzen. Um den Schülern den Arbeitsauftrag zu erleichtern, können die einzusetzenden Begriffe separat aufgelistet werden. Anschließend wird mithilfe einer Folie das Ergebnis in einem fragend-entwickelnden Unterricht verglichen.

Einsatzmöglichkeiten:

Diese Methode eignet sich vor allem, um:
- Schülern Zusammenhänge oder Rechtsbeziehung zu verschiedenen Subjekten zu veranschaulichen,
- bei der Gestaltung der Grafik auch die rechte Gehirnhälfte zu aktivieren.

Vorbereitung:

Erstellung eines Arbeitsblattes mit Grafik und entsprechendem Informationstext.

Ablauf:

1. Phase: Durchführung

Die Schüler erhalten eine Grafik. Diese wird mithilfe eines Informationstextes beschriftet.

2. Phase: Reflexion

Die Grafik wird auf eine Folie kopiert. Durch eine Schülerpräsentation oder im Rahmen eines fragend-entwickelnden Unterrichts wird die Folie am OHP ergänzt. Der Lehrer prüft, inwieweit die Beschriftung fachlich einwandfrei ist. Die wesentliche Aufgabe des Lehrers besteht aber darin, die Aussage der Grafik zu hinterfragen.

Sozialformen:

1. Phase = Einzel-, Partner- oder Gruppenarbeit
2. Phase = Plenum

Methoden zur Informationsbeschaffung und -verarbeitung

Unterrichtsbeispiel: Aufbau einer Aktiengesellschaft am Beispiel der Volkswagen AG

 Arbeitsauftrag:

Tragen Sie die rechten Begriffe in das Schaubild ein! Nehmen Sie dafür den folgenden Informationstext zu Hilfe.

> Hauptversammlung – Belegschaft
> Vorstand – Aktionäre – Aufsichtsrat
> Kreditinstitute

 Information

Die Volkswagen AG ist ein Unternehmen der Automobilbranche. Im letzten Jahr verzeichnete das Unternehmen einen Umsatz von rund 6 Mrd. EUR sowie einen Gewinn vor Steuern von rund 300 Mio. EUR.

Verantwortlich für die Geschäftspolitik einer Aktiengesellschaft – und damit auch bei der Volkswagen AG – ist der Vorstand. Vorstandsvorsitzender ist zurzeit Martin Winterkorn. Er kann das Unternehmen gemeinsam mit anderen Vorstandsmitgliedern nach außen vertreten (i. d. R. wird aber in der Satzung dem Vorstand alleinige Vertretungsmacht eingeräumt). Bestellt und entlassen wird der Vorstand vom Aufsichtsrat.

Quelle: Volkswagen AG

Der Aufsichtsrat hat vor allem eine Kontrollfunktion. Er überwacht die Geschäftspolitik des Vorstandes. Sowohl die Belegschaft als auch die Eigentümer (Aktionäre) einer AG haben ein Interesse, in dieses Kontrollorgan gewählt zu werden. Bei der Volkswagen AG richtet sich die Zusammensetzung des Aufsichtsrates nach dem Mitbestimmungsgesetz von 1976. Danach setzt sich der Aufsichtsrat aus Belegschaftsmitgliedern und aus Aktionären paritätisch* zusammen. 50 % der Mitglieder des Aufsichtsrates werden von der Belegschaft gewählt. Der Rest des Aufsichtsrates setzt sich aus Anteilseignern zusammen und wird ebenfalls von ihnen gewählt.

Mindestens einmal im Jahr wird die sogenannte Hauptversammlung durch den Vorstand der Volkswagen AG einberufen. Hier treffen sich alle Teilhaber (Aktionäre), um Angelegenheiten der Aktiengesellschaft zu beschließen. Zu diesen Angelegenheiten gehören beispielsweise Satzungsänderungen, Beschlüsse über Gewinnverwendung, Entlastung des Vorstandes und des Aufsichtsrates, aber auch alle vier Jahre die Wahl des Aufsichtsrates. Im Zusammenhang mit der Hauptversammlung übernehmen die Kreditinstitute eine wichtige Rolle. Sie erhalten die Einladung zur Hauptversammlung von der Aktiengesellschaft und leiten diese an die Aktionäre der Volkswagen AG weiter.

---

* gleichberechtigt

Unterrichtsbeispiel: Aufbau einer Aktiengesellschaft am Beispiel der Volkswagen AG

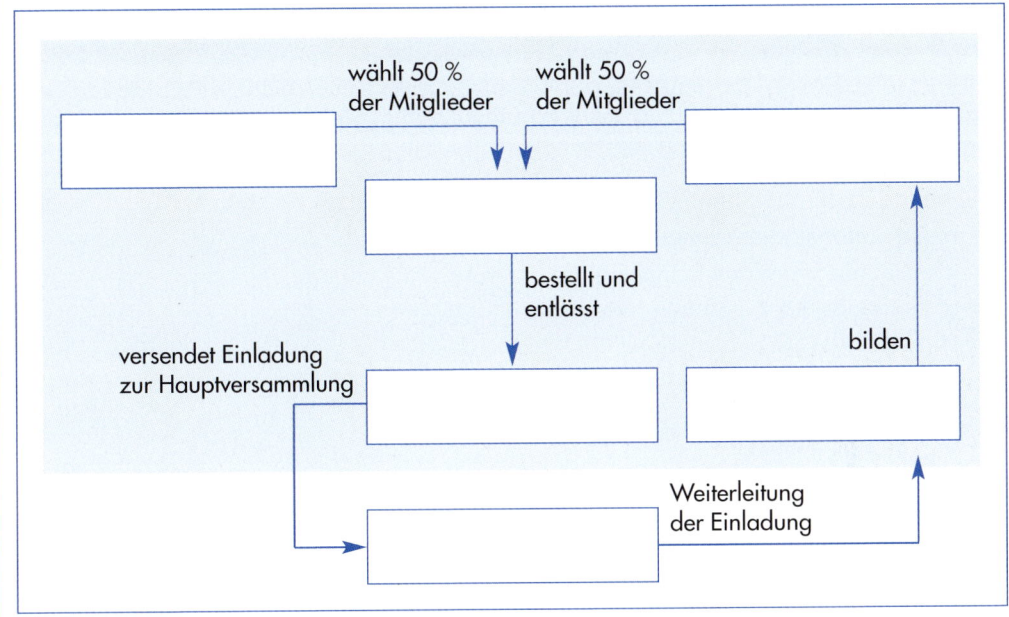

Lösung:

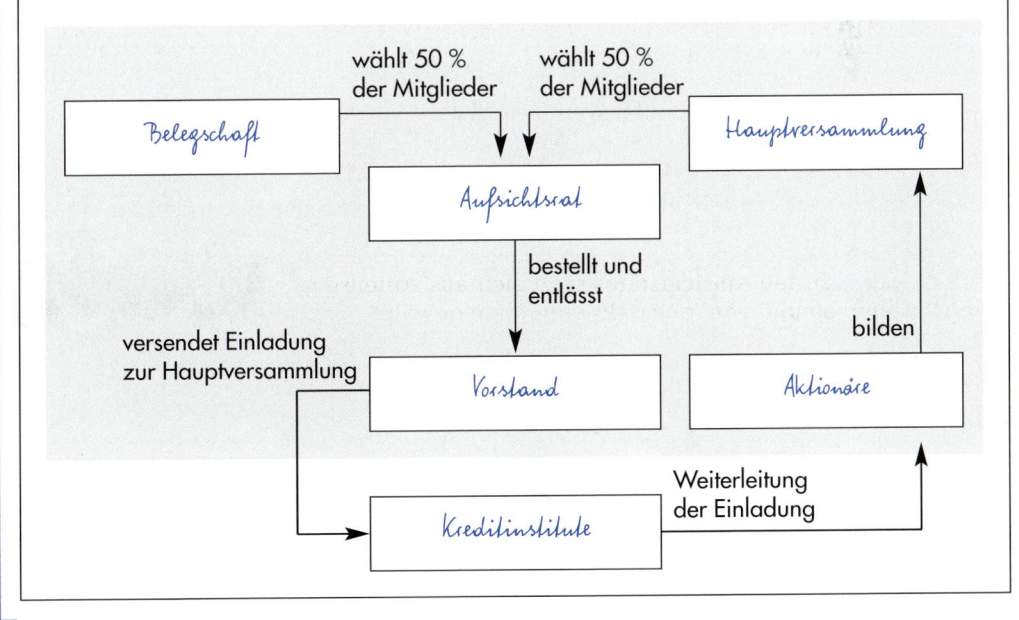

* gleichberechtigt

4.7 Graf-iz

Beschreibung

Graf-iz ist eine Wortschöpfung aus den Worten „Grafik" und „Notiz". Mithilfe von Graf-iz sollen die Lernenden sich auf das Wesentliche konzentrieren und sich das Wichtigste verstehend veranschaulichen.

Die Lernenden sollen hierzu Lerninhalte so erarbeiten, dass sie diese

- in eine bildhafte Grafik umwandeln,
- in zusammenfassende Schlagzeilen notieren,
- einen erklärenden Lauftext formulieren und
- Hinweise auf Links festhalten.

Graf-iz sind Wertpapiere in Form von klar strukturierten Blättern für die Lernenden, die die Lernenden selbst mit den Inhalten füllen.

Einsatzmöglichkeiten:

Diese Methode eignet sich vor allem, um:

- Lerninhalte zu erarbeiten und zu sichern,
- Wissen zu strukturieren.

Ablauf:

1. Phase: Erklärung

Den Schülern werden die Gestaltungsregeln eines Graf-iz erläutert. Hilfreich ist es, den Aufbau eines Graf-iz über ein Graf-iz mithilfe einer Folie vorzustellen.

2. Phase: Erarbeitung

Die Lernenden erhalten z. B. einen Informationstext und erstellen über den Lerninhalt ein Graf-iz.

3. Phase: Reflexion

Die Aussagen/Informationen des Graf-iz werden reflektiert, ggf. weiter bearbeitet.

Sozialformen:

1. Phase = Plenum
2. Phase = Gruppenarbeit/ Partnerarbeit
3. Phase = Plenum

Methoden zur Informationsbeschaffung und -verarbeitung

Beispiel eines Graf-iz über ein Graf-iz

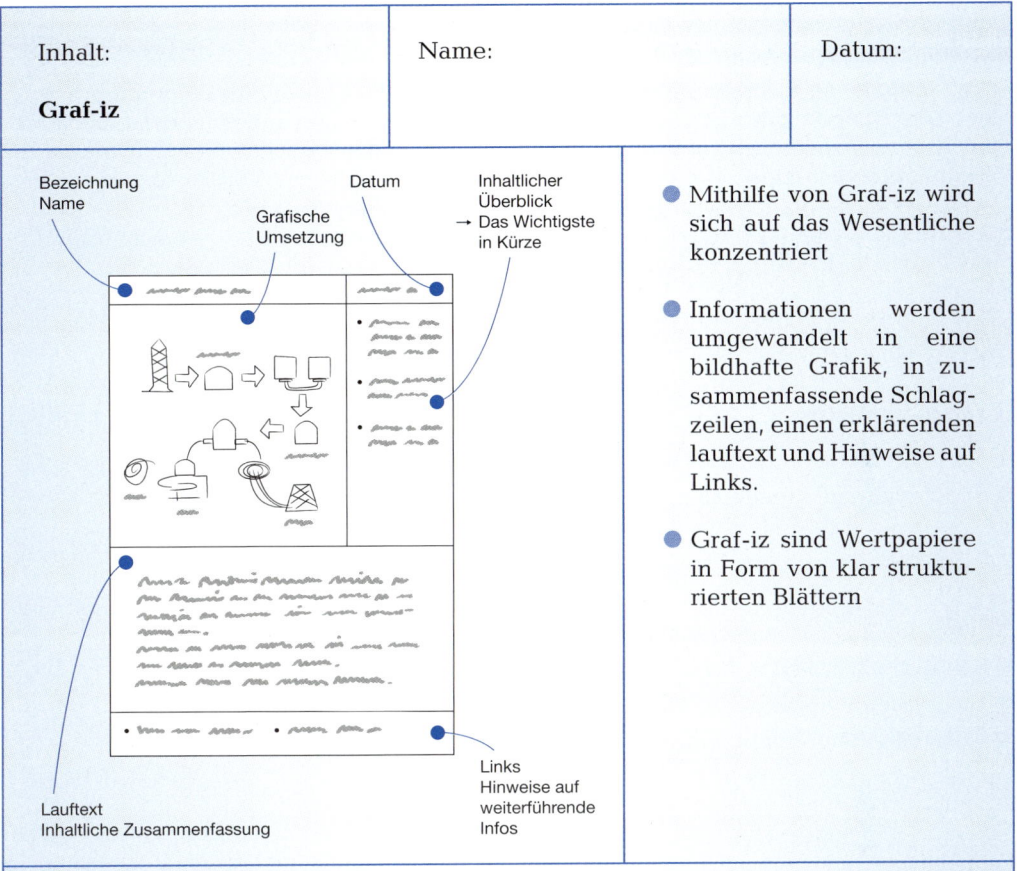

Inhalt:

Graf-iz

Name:

Datum:

Bezeichnung
Name

Grafische
Umsetzung

Datum

Inhaltlicher
Überblick
→ Das Wichtigste
in Kürze

Lauftext
Inhaltliche Zusammenfassung

Links
Hinweise auf
weiterführende
Infos

- Mithilfe von Graf-iz wird sich auf das Wesentliche konzentriert

- Informationen werden umgewandelt in eine bildhafte Grafik, in zusammenfassende Schlagzeilen, einen erklärenden Lauftext und Hinweise auf Links.

- Graf-iz sind Wertpapiere in Form von klar strukturierten Blättern

Graf-iz versteht sich als Verbindung von grafischer Gestaltung und Notiz. Sie ist immer nach gleichem Raster aufgebaut. Oben links findet sich Platz für die genaue Bezeichnung (Fach, Thema) und gleich daneben für Name und/oder Datum.

Das große Feld auf der linken Seite ist reserviert für die grafische Darstellung. Die Lernenden haben die Aufgabe, die Inhalte in eine Grafik umzuwandeln und somit anschaulich zu visualisieren. Das kann geschehen in Form von Mindmaps, von Skizzen, durch Diagramme oder anderem.

Kein Lernerfolg wird erzielt, wenn das Bild eingeklebt wird. Das Ziel ist es, dass die Lernenden sich mit den Inhalten auseinandersetzen und diese transfomieren. Dabei geht es darum, die eigenen Überlegungen und Erkenntnisse zu veranschaulichen.

Gleich daneben am rechten Seitenrand werden etwa drei Kernaussagen formuliert. Ziel ist eine Reduktion aufs Wesentliche. Das große Feld darunter ist vorgesehen für fortlaufende Notizen, in dem die Inhalte durch einen Fließtext erläutert werden. Und am Fuß der Seite werden die Hinweise und Links angebracht: Wo finden sich weiterführende Informationen?

Methoden zur Informationsbeschaffung und -verarbeitung

4.8   Gruppen- und Partnerpuzzle

Beschreibung Gruppenpuzzle

Die Methode des Gruppenpuzzles unterstützt das selbstorganisierte Lernen der Schüler. Jedes Mitglied einer Stammgruppe geht in eine Expertengruppe und erarbeitet dort ein Thema. Anschließend kommen die Mitglieder der Stammgruppe wieder zusammen und informieren jedes Mitglied ihrer Stammgruppe über das erarbeitete Thema.

Im Anschluss folgen Übungen in der Stammgruppe, die das vermittelte Wissen festigen. Im Plenum folgen weitere Übungen und/oder Vertiefungen durch den Lehrer.

Einsatzmöglichkeiten:

- Diese Methode eignet sich vor allem, um selbstständige Lernprozesse zu fördern.
- Schüler lernen, Inhalte zu erklären.

Vorteile:

- Schüler setzen sich selbstständig mit den Lerninhalten auseinander.
- Die Lernenden sind selbst aktiv am Lern- und Lehrprozess beteiligt.
- Die Teilnehmer schulen ihre mündliche Kommunikationsfähigkeit.

Vorbereitung:

Die Lerninhalte müssen so ausgewählt werden, dass sie vom Umfang und Inhalt identisch für die Gruppen sind.

Organisatorischer Ablauf eines Gruppenpuzzles

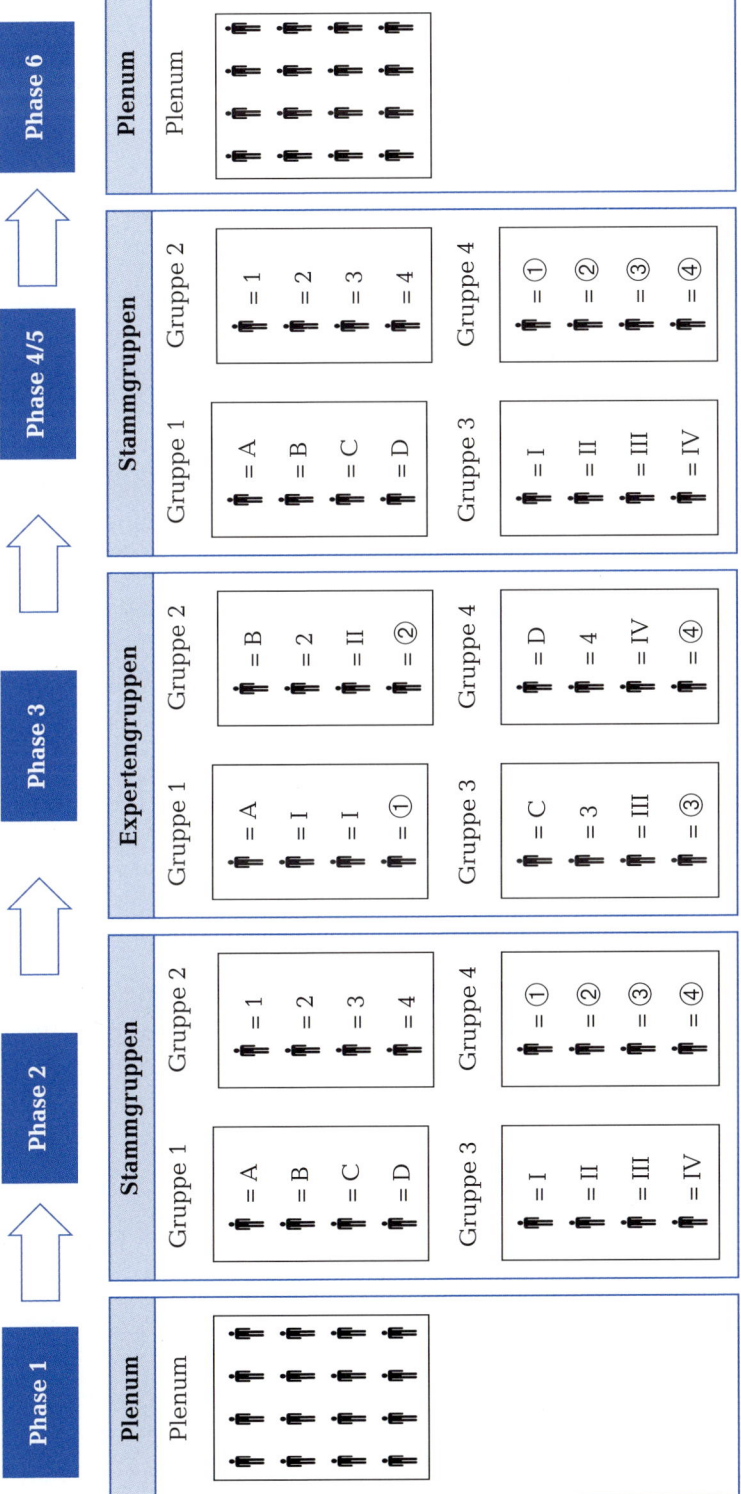

Methoden zur Informationsbeschaffung und -verarbeitung

Ablauf:

1. Phase: Konfrontations- und Informationsphase

Der Lehrer stellt der Klasse den Ablauf des Gruppenpuzzles vor. Die Stammgruppen werden gebildet.

2. Phase: Themenwahl

Jede Stammgruppe erhält mehrere Themen, die im Rahmen des selbst organisierten Lernens erarbeitet werden sollen. Die Anzahl der verschiedenen Themen muss der Anzahl der Gruppen entsprechen (z. B. 3 Gruppen = 3 verschiedene Arbeitsaufträge). Der Umfang und der Schwierigkeitsgrad der Themen sollten sich entsprechen. Jedes Gruppenmitglied der Stammgruppe entscheidet sich, eines dieser Themen zu erarbeiten.

3. Phase: Erarbeitungsphase I

Die Schüler, die sich jeweils für das gleiche Thema entschieden haben, setzen sich als die zukünftige Expertengruppe zusammen. Die Schüler erhalten Informationstexte und Materialien, die sie in Einzelarbeit lesen. Sobald alle Mitglieder der Expertengruppe die Texte gelesen haben, folgt eine Fachdiskussion in der Gruppe, in der sie sich über die Informationstexte austauschen. Ggf. kann der Diskussionsprozess durch Leitfragen und gezielte Arbeitsaufträge gesteuert werden. Anschließend muss jedes Mitglied der Expertengruppe sich individuell darauf vorbereiten, das erarbeitete Thema seiner Stammgruppe vorzustellen. Eine Hilfe bieten vorstrukturierte Notizblätter mit den Leitfragen.

4. Phase: Erarbeitungsphase II

Die Schüler setzen sich in ihrer Stammgruppe wieder zusammen, sodass sich die Gruppe aus verschiedenen Experten zusammensetzt. Innerhalb der Stammgruppe kommt es nun zu einem Informationsaustausch, in dem die Experten über ihr Spezialwissen berichten. Nach dem Informationsaustausch sollten alle Mitglieder der Stammgruppe über die verschiedenen Themen informiert sein.

5. Phase: Übungsphase

Um gegebenenfalls Wissensdefizite aufzudecken und die Inhalte zu festigen, folgen Übungen. Hierfür eignen sich beispielsweise die Methoden „Sortieraufgabe" oder „Strukturlegen". Diese Phase wird oftmals vernachlässigt. Sie ist aber notwendig, um das Gelernte zu festigen.

6. Phase: Reflexionsphase

Die selbstständig erarbeiteten Inhalte müssen durch den Lehrer reflektiert werden. Ggf. erfolgen weitere Übungen im Plenum.

Methoden zur Informationsbeschaffung und -verarbeitung

Methodischer Ablauf eines Gruppenpuzzles

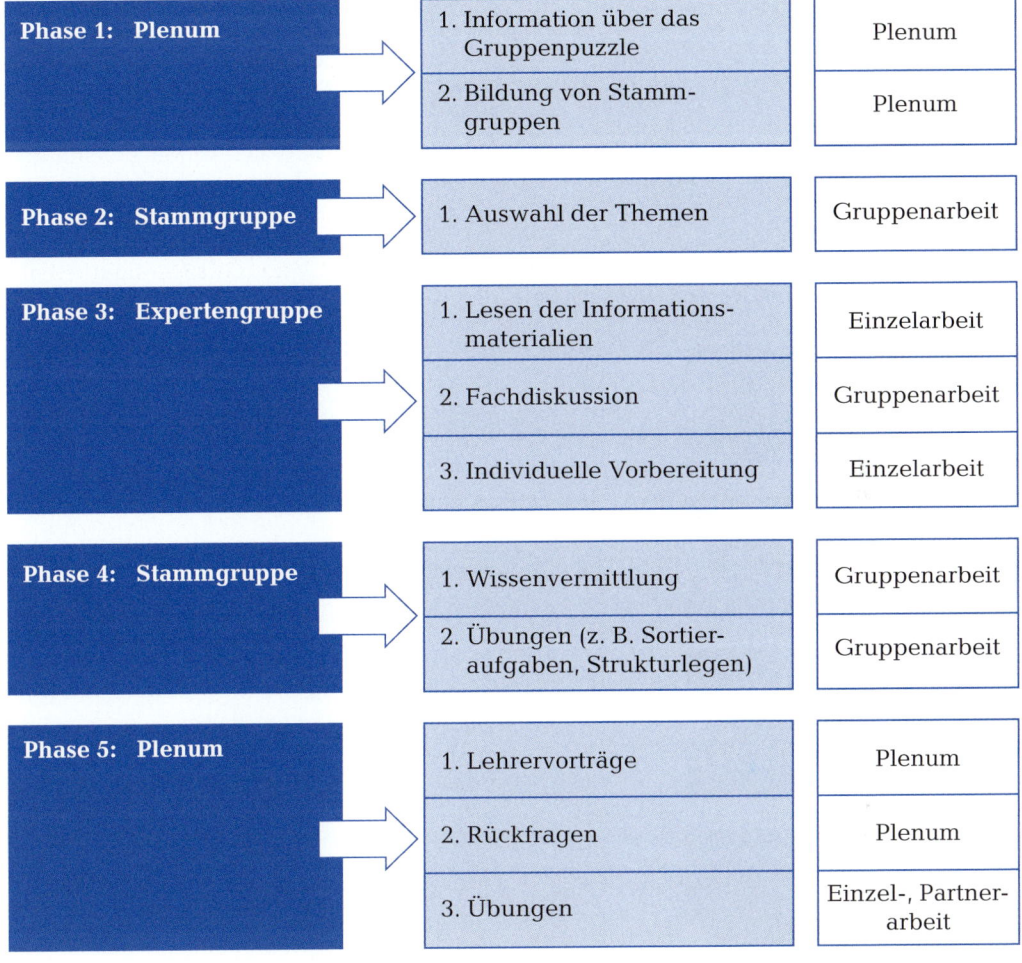

| Phase 1: Plenum | 1. Information über das Gruppenpuzzle | Plenum |
| | 2. Bildung von Stamm-gruppen | Plenum |

| Phase 2: Stammgruppe | 1. Auswahl der Themen | Gruppenarbeit |

Phase 3: Expertengruppe	1. Lesen der Informations-materialien	Einzelarbeit
	2. Fachdiskussion	Gruppenarbeit
	3. Individuelle Vorbereitung	Einzelarbeit

| Phase 4: Stammgruppe | 1. Wissensvermittlung | Gruppenarbeit |
| | 2. Übungen (z. B. Sortier-aufgaben, Strukturlegen) | Gruppenarbeit |

Phase 5: Plenum	1. Lehrervorträge	Plenum
	2. Rückfragen	Plenum
	3. Übungen	Einzel-, Partner-arbeit

Methoden zur Informationsbeschaffung und -verarbeitung

Methoden zur Informationsbeschaffung und -verarbeitung

Beschreibung Partnerpuzzle

Das Partnerpuzzle verläuft ähnlich dem Gruppenpuzzle. Der Wissenaustausch findet zwischen zwei Partnern über zwei verschiedene Themen statt, wobei sich jeder zunächst über ein Thema informiert. Hierdurch erlangen beide einen Expertenstatus. Danach tauschen die Puzzlepaare ihr Wissen aus.

Anschließend folgen ebenfalls Übungen, die das vermittelte Wissen festigen. Im Plenum folgen weitere Übungen und/oder Vertiefungen durch den Lehrer.

Partnerpuzzle als Alternative zum Gruppenpuzzle

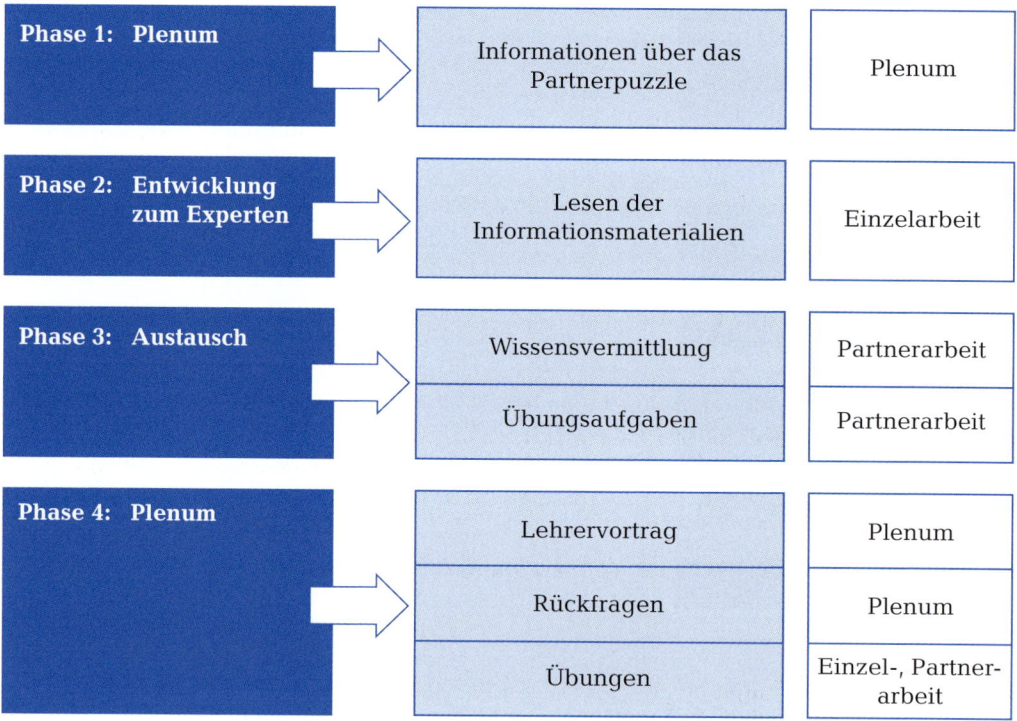

Phase 1: Plenum	Informationen über das Partnerpuzzle	Plenum
Phase 2: Entwicklung zum Experten	Lesen der Informationsmaterialien	Einzelarbeit
Phase 3: Austausch	Wissensvermittlung	Partnerarbeit
	Übungsaufgaben	Partnerarbeit
Phase 4: Plenum	Lehrervortrag	Plenum
	Rückfragen	Plenum
	Übungen	Einzel-, Partnerarbeit

4.9   Interviewstreifzug

Beschreibung

Nicht immer ist eine sekundäre Informationsbeschaffung über Literatur zweckmäßig und hilfreich. In solchen Fällen bietet es sich an, dass die Schüler selbst Primärforschung betreiben und Probanden direkt auf der Straße befragen.

Einsatzmöglichkeiten:

Diese Methode eignet sich vor allem, um:

● Informationen für Planungsprozesse zu sammeln,

● Meinungsbilder, Kritik oder Wünsche zu einem Thema im sozialen Umfeld der Schüler zu erhalten.

Vorbereitung:

Je nach Gestaltung der Befragung müssen technische Hilfsmittel, wie beispielsweise Kassettenrekorder oder Videokamera bereitgestellt werden.

Hinweis:

● Sollten technische Geräte, wie beispielsweise Videokamera eingesetzt werden, sollte darauf geachtet werden, dass vorher die Handhabung dieser Geräte allen Gruppenmitgliedern erklärt wird. Ansonsten besteht die Gefahr, dass nur ein oder zwei Schüler durch ihren Wissensvorsprung die Geräte bedienen und die übrigen Mitschüler die Probanden befragen.

● Das Schulgelände wird beim Interviewstreifzug verlassen. Die Schulleitung muss daher den Stadtgang genehmigen.

Ablauf:

1. Phase: Vorbereitung

Die Schüler werden mit einem Problem konfrontiert. Zu dieser Problemstellung werden Fragen formuliert, die in einem Interviewleitfaden zusammengefasst werden. Das Sammeln der Fragen sollte zunächst in Arbeitsgruppen erfolgen. Im Plenum werden dann die Fragen zusammengetragen und zu Themenkomplexen zusammengefasst.

Dabei sollte auch berücksichtigt werden, ob der Interviewleitfaden offene oder geschlossene Fragen enthalten soll. Weiterhin muss beachtet werden, ob die Befragung mithilfe des Interviewleitfadens durch Ankreuzen von Skalenwerten sinnvoll erscheint.

Unterrichtsbeispiel zum Thema Absatz: „Produktentwicklung eines Schokoriegels"

● Offene Frage:
Welche Süßigkeiten essen Sie gerne?

● Geschlossene Frage:
Essen Sie gerne Schokoriegel?
(bitte ankreuzen)

ja	nein

● Skalenwerte:
Wie gerne essen Sie Schokolade?
(bitte ankreuzen)

sehr gerne	1	2	3	4	5	6	überhaupt nicht

Außerdem muss beachtet werden, dass ...

● die Schüler die Reihenfolge ihrer Fragen festlegen,

● mit leichten Einstiegsfragen begonnen wird.

● das Ziel der Befragung durch die Formulierung der Fragen inhaltlich erfasst wird.
(Was nützt die Frage nach dem Beruf des Probanten, wenn es für die Produktentwicklung des Schokoriegels keine Bedeutung hat.)

Methoden zur Informationsbeschaffung und -verarbeitung

2. Phase: Durchführung

Die Schüler führen die Interviews in Kleingruppen durch. Dabei muss vorher gemeinsam mit den Schülern festgelegt werden:
- wer befragt werden soll,
- wie viele Probanden befragt werden sollen,
- wo die Gruppen jeweils die Interviews durchführen,
- wie lange die Interviews durchgeführt werden sollen (festgelegte Uhrzeit),
- wo die Schüler nach der Durchführung sich wieder treffen.

Die Schüler müssen darauf hingewiesen werden, dass sie eine positive Gesprächsatmosphäre schaffen sollen, indem sie sich vorstellen und den Anlass des Interviews umreißen.

3. Phase: Reflexion

Der Vorteil von geschlossenen Fragen und Skalenwerten als Interviewleitfaden besteht darin, dass die Häufigkeiten bestimmter Antworten einfach addiert werden. Eine Auswertung mithilfe des Rechners in Verbindung mit einem Tabellenkalkulationsprogramm ist möglich. Aus der Ansammlung bestimmter Antworten werden entsprechende Rückschlüsse getroffen. Bei offenen Fragestellungen ist eine Präsentation durch die einzelnen Interviewgruppen denkbar. Eine Vergleichbarkeit der Antworten gestaltet sich schwieriger.

Wichtig ist, dass die Ergebnisse aus der Befragung die Grundlage für weitere Arbeitsschritte bilden. Somit müssen die Antworten der Probanden auf jeden Fall schriftlich festgehalten werden.

Sozialformen:

1. Phase = Gruppenarbeit
2. Phase = Gruppenarbeit
3. Phase = Plenum oder Präsentation

4.10 Lückentext

Beschreibung

„Nun lesen Sie bitte den Informationstext auf Seite 243 in Ihrem Lehrbuch." Leider ein Arbeitsauftrag eines Lehrers, der nicht gerade sehr motivierend erscheint. Lückentexte sind daher eine Alternative, da hier spielerische Elemente in die Erarbeitung integriert werden. Darüber hinaus eigenen sich insbesondere Lückentexte zur Erschließung von Informationen, da sie den Lernenden eine weiterreichende Auseinandersetzung mit dem Gelesenen abverlangen, als das bloße Lesen.

Einsatzmöglichkeiten:

Diese Methode eignet sich vor allem, um:
- selbstständig Wissen anzueignen,
- bekanntes Wissen zu vertiefen.

Vorbereitung:

Ein Text über das zu bearbeitende Thema wird erstellt. Anschließend werden die Schlüsselworte herausgenommen und durch Leerstellen ersetzt.

Zur Arbeitserleichterung für die Schüler können die gelöschten Worte oberhalb des Textes aufgelistet werden. Die Worte sollten in alphabetischer Reihenfolge angeordnet werden. Die Schüler finden so leichter die passenden Worte.

Methoden zur Informationsbeschaffung und -verarbeitung

Ablauf:

1. Phase: Durchführung

Die Schüler erhalten das Arbeitsblatt mit dem Lückentext. Bei neu zu erarbeitenden Sachverhalten sollten die Lernenden zusätzlich das Lehrbuch nutzen.

2. Phase: Auswertung

Im Plenum werden die Ergebnisse verglichen. Die wesentliche Aufgabe des Lehrers besteht darin, die Inhalte des Lückentextes zu hinterfragen und zu reflektieren.

Sozialformen:

1. Phase = Einzel- oder Partnerarbeit
2. Phase = Plenum

Unterrichtsbeispiel: Gerichtliches Mahnverfahren

 Arbeitsauftrag:

Setzen Sie die folgenden Begriffe in den folgenden Text sinnvoll ein.

> Amtsgericht – Beugehaft – drei – eidesstattliche Versicherung – Haftbefehl – Gläubiger – Löschung – Mahnbescheid – Schuldner – Schuldnerverzeichnis – vollstreckbaren Titel – Vollstreckungsbescheid – zwei

Max Schneider ist Mitarbeiter der Möbelspedition Althausen und arbeitet dort in der Mahnabteilung. Das Unternehmen hatte für die Kundin Anette Schoefer einen Umzug organisiert und durchgeführt. Jedoch bezahlte die Kundin die Rechnung über 2.610,00 EUR nicht. Jetzt hat Herr Schneider beim Amtsgericht zunächst einen _____ und anschließend einen _____ gegen die Kundin beantragt. Hierdurch hat die Möbelspedition Althausen einen _____ erhalten und kann in das Vermögen der Kundin vollstrecken lassen. Aber weder das bewegliche Vermögen noch der Pfändungs- und Überweisungsbeschluss reichten aus, um die Forderungen der Möbelspedition zu befriedigen.

Um einen Einblick in die Vermögensverhältnisse des Schuldners zu erlangen, hat nun Herr Schneider die Möglichkeit, von Anette Schoefer eine _____ zu verlangen. Hierzu wird die Schuldnerin verpflichtet, ihr Vermögen in einem Verzeichnis aufzulisten. Die Schuldnerin wird zum _____ geladen und muss dort „Eides statt" versichern, dass sie keine weiteren Vermögenswerte besitzt als die, die sie aufgelistet hat. Eine solche „eidesstattliche Versicherung" wird in das Schuldnerverzeichnis eingetragen.

Sollte sich die Schuldnerin weigern, zur Abgabe der eidesstattlichen Versicherung zu erscheinen, kann die Möbelspedition einen _____ beantragen. Die Schuldnerin wird dann durch die Polizei vorgeführt. Weigert sich Frau Schoefer weiterhin zur Abgabe der

Unterrichtsbeispiel: Gerichtliches Mahnverfahren

📖 Arbeitsauftrag: (Fortsetzung

eidesstattlichen Versicherung, kann sie bis zu sechs Monate in _____ genommen werden. In der Praxis ist dieses Vorgehen äußerst selten, weil die Kosten für eine Beugehaft der _____ im Voraus bezahlen muss.

Sowohl der Haftbefehl als auch eine mögliche Beugehaft werden in das _____ eingetragen. Das Verzeichnis wird beim Amtsgericht geführt und kann von jedem, der ein berechtigtes Interesse nachweist, eingesehen werden. Nach _____ Jahren werden die Daten gelöscht und nochmals _____ Jahre im Löschungsverzeichnis geführt. Eine vorzeitige _____ ist auf Antrag der Schuldnerin möglich, wenn sie eine Quittung vorlegt, dass sie die Schuld beglichen hat.

Der Gläubiger darf nur alle drei Jahre eine eidesstattliche Versicherung beantragen, es sei denn, er kann nachweisen, dass der _____ zwischendurch zu Vermögen gekommen ist.

Lösung:

📖 Arbeitsauftrag: (Lösung)

Setzen Sie die folgenden Begriffe in den folgenden Text sinnvoll ein.

> Amtsgericht – Beugehaft – drei – eidesstattliche Versicherung – Haftbefehl – Gläubiger – Löschung – Mahnbescheid – Schuldner – Schuldnerverzeichnis – vollstreckbaren Titel – Vollstreckungsbescheid – zwei

Max Schneider ist Mitarbeiter der Möbelspedition Althausen und arbeitet dort in der Mahnabteilung. Das Unternehmen hatte für die Kundin Anette Schoefer einen Umzug organisiert und durchgeführt. Jedoch bezahlte die Kundin die Rechnung über 2.610,00 EUR nicht. Jetzt hat Herr Schneider beim Amtsgericht zunächst einen _Mahnbescheid_ und anschließend einen _Vollstreckungsbescheid_ gegen die Kundin beantragt. Hierdurch hat die Möbelspedition Althausen einen _vollstreckbaren Titel_ erhalten und kann in das Vermögen der Kundin vollstrecken lassen. Aber weder das bewegliche Vermögen noch der Pfändungs- und Überweisungsbeschluss reichten aus, um die Forderungen der Möbelspedition zu befriedigen.

Um einen Einblick in die Vermögensverhältnisse des Schuldners zu erlangen, hat nun Herr Schneider die Möglichkeit, von Anette Schoefer eine _eidesstattliche Versicherung_ zu verlangen. Hierzu wird die Schuldnerin verpflichtet, ihr Vermögen in einem Verzeichnis aufzulisten. Die Schuldnerin wird zum _Amtsgericht_ geladen und muss dort „Eides statt" versichern, dass sie keine weiteren Vermögenswerte besitzt als die, die sie aufgelistet hat. Eine solche „eidesstattliche Versicherung" wird in das Schuldnerverzeichnis eingetragen.

Unterrichtsbeispiel: Gerichtliches Mahnverfahren

📖 Arbeitsauftrag: (Fortsetzung der Lösung)

Sollte sich die Schuldnerin weigern, zur Abgabe der eidesstattlichen Versicherung zu erscheinen, kann die Möbelspedition einen _____*Haftbefehl*_____ beantragen. Die Schuldnerin wird dann durch die Polizei vorgeführt. Weigert sich Frau Schoefer weiterhin zur Abgabe der eidesstattlichen Versicherung, kann sie bis zu sechs Monate in _____*Beugehaft*_____ genommen werden. In der Praxis ist dieses Vorgehen äußerst selten, weil die Kosten für eine Beugehaft der _____*Gläubiger*_____ im Voraus bezahlen muss.

Sowohl der Haftbefehl als auch eine mögliche Beugehaft werden in das _____*Schuldnerverzeichnis*_____ eingetragen. Das Verzeichnis wird beim Amtsgericht geführt und kann von jedem, der ein berechtigtes Interesse nachweist, eingesehen werden. Nach _____*drei*_____ Jahren werden die Daten gelöscht und nochmals _____*zwei*_____ Jahre im Löschungsverzeichnis geführt. Eine vorzeitige _____*Löschung*_____ ist auf Antrag der Schuldnerin möglich, wenn sie eine Quittung vorlegt, dass sie die Schuld beglichen hat.

Der Gläubiger darf nur alle drei Jahre eine eidesstattliche Versicherung beantragen, es sei denn, er kann nachweisen, dass der _____*Schuldner*_____ zwischendurch zu Vermögen gekommen ist.

4.11 Mindmap

Beschreibung

Mindmapping ist eine gehirngerechte Kreativitätstechnik, die in den 70er Jahren von Tony Buzan erfunden worden ist. Mit Mindmaps kann man visuelle „Landkarten" der Gedanken erstellen. Bei dem Erstellen einer Mindmap arbeitet das Gehirn anders als bei herkömmlichen Notizen, was dann auch zu anderen und kreativeren Einfällen führt.

Neue Ideen werden einfacher generiert. Durch diese Technik und ihre Vorteile macht Lernen wieder mehr Spaß, da das Gehirn mehr Ideen generiert und man einen visuellen Überblick erhält.

Einsatzmöglichkeiten:

Diese Methode eignet sich vor allem, um:

- Ideen zu produzieren, zu ordnen und zu notieren,
- Konzepte zu entwickeln,
- Wissen zu strukturieren,
- Inhalte umfangreicher Texte zu erfassen und zu strukturieren.

Methoden zur Informationsbeschaffung und -verarbeitung

Methoden zur Informationsbeschaffung und -verarbeitung

Ablauf:

Alternative I Erarbeitung im Plenum zentral durch den Lehrer	Alternative II Erarbeitung in Gruppen
1. Phase: Erklärung Den Schülern werden die Regeln für ein Mindmap erklärt. Hilfreich ist es, die Regeln mithilfe eines fertigen Mindmap vorzustellen.	**1. Phase: Erklärung** Den Schülern werden die Regeln für ein Mindmap erklärt. Hilfreich ist es, die Regeln mithilfe eines fertigen Mindmap vorzustellen.
2. Phase: Erarbeitung Das Mindmap wird durch den Lehrer an der Tafel oder am OHP entsprechend der Schüleraussagen erstellt. Wichtig ist dabei, dass der Lehrer keine Vorstellung über das fertige Mindmap hat, damit die Schüleraussagen nicht gelenkt werden.	**2. Phase: Erarbeitung** Die Schüler erarbeiten in Gruppen ein Mindmap entsprechend der vorgegebenen Regeln. Dabei kann das Mindmap erstellt werden mithilfe 1. eines Plakates/Flipcharts und dicken Stiften, 2. von Computerprogrammen.
3. Phase: Reflexion Die Aussagen/Informationen des Mindmaps werden reflektiert – ggf. weiter bearbeitet.	**3. Phase: Präsentation** Die Arbeitsgruppen präsentieren ihre Mindmaps. **4. Phase: Reflexion** Die Aussagen/Informationen der Mindmaps werden reflektiert – ggf. weiter bearbeitet.

Sozialformen:

Alternative I	Alternative II
1. Phase = Plenum 2. Phase = Plenum 3. Phase = Plenum	1. Phase = Plenum 2. Phase = Partner- oder Gruppenarbeit 3. Phase = Plenum 4. Phase = Plenum

Regeln:

1. Unliniertes Blatt Papier im Querformat verwenden
2. Thema/Problemstellung ins Zentrum schreiben und umkreisen
3. Zentrale Aspekte auf so genannten Hauptästen notieren, die im Zentrum beginnen
4. Das Mindmap von innen nach außen gestalten
5. Nebenaspekte auf Nebenäste schreiben, die von den Hauptästen ausgehen
6. Verschiedene Farben für Haupt- und Nebenäste verwenden
7. Schlagwörter formulieren – keine Sätze
8. Möglichst waagerecht und in Druckschrift schreiben
9. Durch Bilder oder Symbole die Aussagen unterstreichen und somit die Gedächtnisleistung steigern

Beispiel einer Mindmap über Mindmap

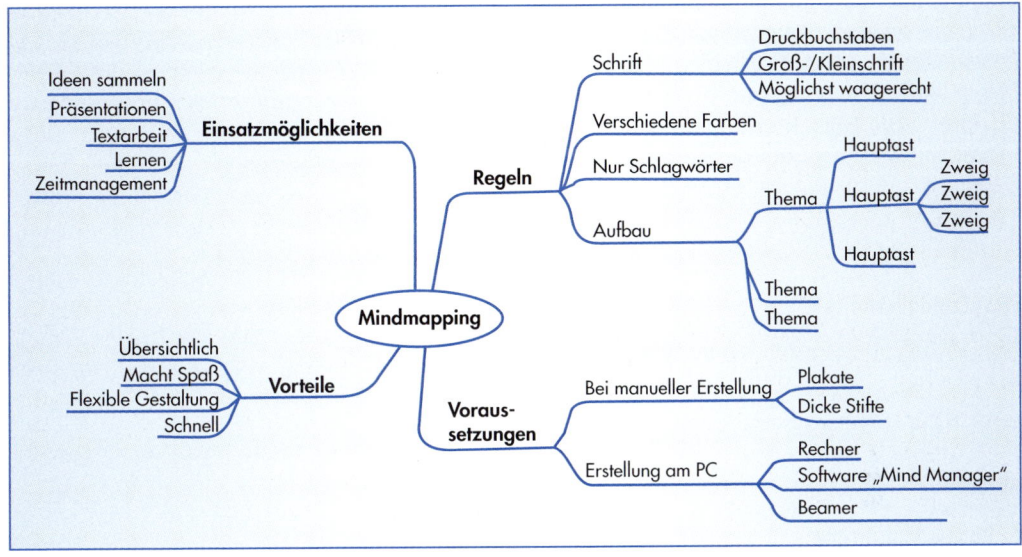

*Exkurs: Wie arbeitet unser Gehirn?

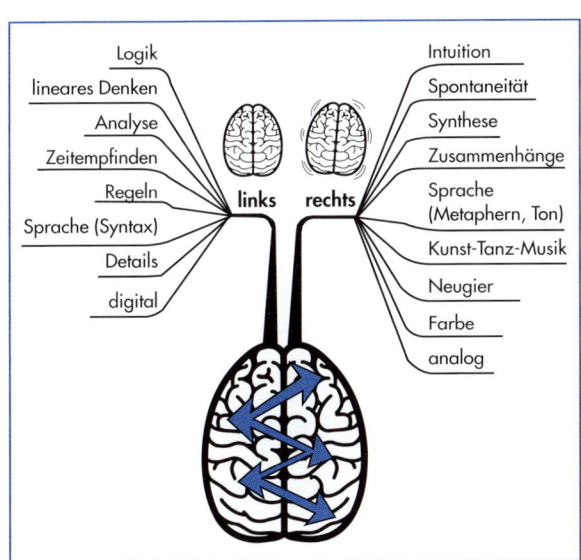

Mindmapping fördert das Denken mit beiden Gehirnhälften, denn es versucht, beide Gehirnhälften zu aktivieren. So sollen verbal komplexe Lerninhalte, die in der gedächtnismäßig unterlegenen linken Gehirnhälfte ankommen, mit Gedächtnisinhalten der rechten Gehirnhälfte verknüpft werden. Aufgrund dieser Verknüpfung können die Wörter und Namen leichter behalten werden, da sie mit den Bildern und Symbolen assoziiert werden.

Methoden zur Informationsbeschaffung und -verarbeitung

4.12 Nutzwertanalyse

Beschreibung

Im Berufs-, aber auch im Privatleben sind die Schüler gezwungen, Entscheidungen zu treffen. Eine Entscheidungshilfe ist die Nutzwertanalyse (auch Scoring-Verfahren oder Punktbewertung), bei der Entscheidungsalternativen durch Punktwerte bewertet werden.

Einsatzmöglichkeiten:

Diese Methode eignet sich vor allem, um:
● zwischen verschiedenen Alternativen, eine Auswahlentscheidung zu treffen.

Ablauf:

1. Phase: Einführung

Den Schülern wird mithilfe eines Lehrervortrages oder eines Informationsblattes der Ablauf einer Nutzwertanalyse erläutert.

2. Phase: Durchführung

Die Durchführungsphase verläuft in fünf Schritten.

1. Schritt: Kriterien auswählen
Kriterien, die für eine Entscheidungsfindung relevant sind, werden gesammelt.

BEISPIEL:

Es soll eine neue Filiale einer Supermarktkette eröffnet werden. Zur Auswahl stehen drei verschiedene Städte (Stadt A, B und C).

Kriterium		Stadt A		Stadt B		Stadt C	
Einwohner/ mögliche Kunden							
Anzahl möglicher Mitbewerber							
Infrastruktur							
Mietkosten pro Quadratmeter							
Subventionen für eine Ansiedlung							

2. Schritt: Kriterien gewichten
Die Kriterien werden, falls sie nicht gleichbedeutend sind, gewichtet.

Kriterium	Gewichtung	Stadt A		Stadt B		Stadt C	
Einwohner/ mögliche Kunden	40						
Anzahl möglicher Mitbewerber	32						
Infrastruktur	16						
Mietkosten pro Quadratmeter	8						
Subventionen für eine Ansiedlung	4						
	100						

3. Schritt: Bewertungsvorschriften und Entscheidungsregel erstellen
Zunächst werden Bewertungsvorschriften für jedes Kriterium erstellt. Anschließend werden je nach der jeweiligen Ausprägung Punktwerte zugeordnet.

BEISPIEL:

Bewertungsvorschrift für das Kriterium „Einwohner" bei der Standortwahl
10.000 – 20.000 Einwohner: 1 Punkte
20.000 – 40.000 Einwohner: 2 Punkte
40.000 – 60.000 Einwohner: 3 Punkte
60.000 und mehr Einwohner: 4 Punkte

4. Schritt: Alternativen bewerten
Den unterschiedlichen Entscheidungsalternativen werden anhand der Kriterien Punkte zugeteilt und mit den Gewichtungsfaktoren multipliziert.

Kriterium	Gewichtung	Stadt A		Stadt B		Stadt C	
		Punkte	Gew. Punkte	Punkte	Gew. Punkte	Punkte	Gew. Punkte
Einwohner/ mögliche Kunden	40	4	160	3	120	2	80
Anzahl möglicher Mitbewerber	32	3	96	3	96	5	160
Infrastruktur	16	2	32	4	64	4	64
Mietkosten pro Quadratmeter	8	1	8	2	16	4	32
Subventionen für eine Ansiedlung	4	1	4	0	0	0	0
	100						

Methoden zur Informationsbeschaffung und -verarbeitung

5. Schritt: Ergebnisse auswerten
Die Punktwerte der verschiedenen Entscheidungsalternativen werden addiert.

Kriterium	Gewichtung	Stadt A		Stadt B		Stadt C	
		Punkte	Gew. Punkte	Punkte	Gew. Punkte	Punkte	Gew. Punkte
Einwohner/ mögliche Kunden	40	4	160	3	120	2	80
Anzahl möglicher Mitbewerber	32	3	96	3	96	5	160
Infrastruktur	16	2	32	4	64	4	64
Mietkosten pro Quadratmeter	8	1	8	2	16	4	32
Subventionen für eine Ansiedlung	4	1	4	0	0	0	0
Summe	100		300		296		336

3. Phase: Präsentation

Die Schüler übertragen ihr Ergebnis auf eine vorstrukturierte Folie und präsentieren ihr Ergebnis der Klasse.

4. Phase: Reflexion

Die Reflexion sollte hinsichtlich folgender Aspekte erfolgen:

Über inhaltliche Aspekte	Über die Nutzwertanalyse selbst
– Kriterienauswahl – Einfluss der Gewichtung – Ergebnis als endgültige Lösung	Nutzungsmöglichkeiten: – betrieblich – privat

Sozialformen:

1. Phase = Plenum
2. Phase = Gruppenarbeit
3. Phase = Plenum
4. Phase = Plenum

ANWENDUNGSBEISPIELE:

- Standortwahl eines neuen Unternehmens
- Lieferantenauswahl
- Aktienanalyse
- Bewerberauswahl im Rahmen der Personalbeschaffung
- Kreditwürdigkeitsprüfung

Methoden zur Informationsbeschaffung und -verarbeitung

Unterrichtsbeispiel: „Personalauswahl"

 FALLBEISPIEL:

In der Möbelbau GmbH wurde die Stelle des Leiters für die Abteilung „Naturholzmöbel" intern und extern ausgeschrieben. Insgesamt liegen Ihnen vier Bewerbungen vor. Sie sollen nun die geeignete Person für diese Stelle auswählen. Als Entscheidungsgrundlage haben Sie das Bewerbungsschreiben und einen Auswertungsbogen, auf dem die Angaben aus dem Lebenslauf und sonstige Informationen festgehalten wurden. Außerdem erhalten Sie die Stellenbeschreibung.

 Arbeitsauftrag 1:

Treffen Sie mithilfe der Nutzwertanalyse eine Entscheidung für einen Bewerber. Gehen Sie dabei folgendermaßen vor:

1. Wählen Sie Kriterien aus.

Sie sollen Kriterien auswählen, die für eine Entscheidungsfindung relevant sind.

2. Gewichten Sie diese Kriterien.

Falls die Kriterien für Sie nicht gleichbedeutend sind, müssen Sie diese gewichten.

3. Erstellen Sie Bewertungsvorschriften und Entscheidungsregel.

Zunächst werden Bewertungsvorschriften für jedes Kriterium erstellt. Anschließend werden je nach Ausprägung Punktwerte zugeordnet.

4. Bewerten Sie die Alternativen.

Den unterschiedlichen Entscheidungsalternativen werden anhand der Kriterien Punkte zugeteilt.

5. Werten Sie Ihr Ergebnis aus.

Die Punktwerte der verschiedenen Entscheidungsalternativen werden addiert.

 Arbeitsauftrag 2:

Übertragen Sie Ihr Ergebnis auf eine Folie.

Methoden zur Informationsbeschaffung und -verarbeitung

Methoden zur Informationsbeschaffung und -verarbeitung

Unterrichtsbeispiel: „Personalauswahl" (Fortsetzung)

Stellenbeschreibung für den Leiter Naturholzmöbel

I Ziel der Stelle

Ziel der Stelle ist es, eine wirtschaftliche und effektive Beschaffung, Produktion und den Vertrieb unseres Sortimentes an Naturholzmöbeln der Serie „SCHUK" sicherzustellen. Dabei ist der Stelleninhaber verantwortlich für die gesamte Produktsparte.

II Aufgaben, Kompetenzen und Verantwortung

1. Verantwortung
   Er leitet die Abteilung Naturholzmöbel und die ihm nachgeordneten Mitarbeiter nach den „Grundsätzen für die zielorientierte Zusammenarbeit".
2. Versorgungssicherung
   Er stellt die Versorgung mit Fertigteilen sowohl aus dem Inland als auch aus dem Ausland sicher.
3. Marktbeobachtung
   Er beobachtet und analysiert den Markt in Zusammenarbeit mit seinen Mitarbeitern und sichert eine wirtschaftliche Einkaufsdisposition unter Berücksichtigung betrieblicher Gegebenheiten und der Marktverhältnisse. Zugleich beobachtet er den Absatzmarkt, reagiert mit der Sortimentgestaltung auf verändertes Marktverhalten.
4. Kaufverträge
   Er stellt gemäß der getroffenen Vereinbarungen die Abschlüsse von Kaufverträgen und deren Abwicklung sicher. Dieses bezieht sich sowohl auf den Beschaffungs-, wie auch auf den Absatzmarkt. Bei Reklamationen sorgt er für eine vertragsgerechte Erledigung in Abstimmung mit allen Beteiligten.
5. Berichtswesen
   Er sichert die Erstellung der Monats- und Jahresberichte und Statistiken seiner Abteilung.
6. Erfahrungsaustausch
   Er führt innerhalb des Firmenverbandes einen ständigen Erfahrungsaustausch mit den anderen Abteilungen durch.
7. Vorratshaltung
   Er sichert die Steuerung der Lagerhaltung seiner Beschaffungsprodukte und überwacht die Durchführung im Hinblick auf ein kostengünstiges Verhältnis von Kapitalbindung und Versorgungssicherung.
8. Vorschriften
   Er sorgt für die Einhaltung und Anwendung betrieblicher und gesetzlicher Vorschriften innerhalb seiner Abteilung.
   Zugleich sichert er die Einhaltung der Richtlinien für Unfallverhütung.

III Unbefristete Sonderaufgaben des Stelleninhabers

1. Er sorgt für die Einhaltung der allgemeinen Richtlinien bei den Lieferanten und Käufern.
2. Er stellt die ordnungsgemäße Ausbildung von Industriekaufleuten in seiner Gruppe sicher.

IV Besondere Beziehungen

Im Rahmen seines Aufgabenbereiches unterhält er Kontakte zu:
1. Abt. Schreibtisch, Abt. Bürostuhl, Abt. Designermöbel und Abt. Zentralbereich
2. Nahestehende Gesellschaften im In- und Ausland
3. Lieferanten und Abnehmern
4. Bundesverband Naturholzmöbel, Frankfurt/Main

Unterrichtsbeispiel: „Personalauswahl" (Fortsetzung)

Jürgen Giller
Frankenstr. 36
38440 Wolfsburg

Möbelbau GmbH
Industriestr. 13
38440 Wolfsburg

Bewerbung für die Stelle „Leiter Naturholzmöbel"

Sehr geehrter Herr Peling,

Sie suchen für Ihre Abteilung „Naturholzmöbel" einen neuen Abteilungsleiter. Ich meine, dass meine beruflichen Erfahrungen in verschiedenen Abteilungen verschiedener Unternehmen Ihren Anforderungen entsprechen.

Nach meiner Ausbildung zum Industriekaufmann habe ich als Sachbearbeiter beim Möbelmarkt in Braunschweig gearbeitet. Seit 2001 arbeite ich im Verkauf der Weller AG in Goslar. Als Leiter der Verkaufsabteilung bin ich heute für den Verkauf von Büromöbeln verantwortlich.

Ich verfüge darüber hinaus über umfangreiche DV-Kenntnisse und habe viel mit ausländischen Unternehmen korrespondiert. Außerdem arbeite ich selbstständig und bin daher in der Lage, mich in alle Bereiche einzuarbeiten.

Ich würde mich freuen, wenn ich mich Ihnen vorstellen dürfte.

Mit freundlichen Grüßen

Jürgen Giller

BEWERBUNGEN INNENDIENST
Auswertungsbogen

Name:	Vorname:	Eingangsdatum
Giller,	Jürgen	30.10.20..

Zeitung	vom:	Stellenanzeige ☑
Welt-Kurier	24.10.20..	freie Bewerbung ☐

Alter:	Familienstand:	Wohnsitz:
37	ledig	Wolfsburg

Besonderheiten: mobil? ja/~~nein~~

Schulabschluss:	**Studium:**	**Berufserfahrung:**
☐ Hauptschule	Industrie-	abgeschlossene Berufsausbildung als:
☐ Mittlere Reife	fachwirt	
☐ FHS-Reife	IHK	Industriekaufmann
☑ Abitur		
☐ Sonstige		Berufsjahre: 17

Zeugnisse: Qualität: 3,5
Besonderheiten: Zeugnis des letzten Arbeitgebers enthält keine Angaben über Leistung

Begründung des Stellenwechsels: keine
Gesamteindruck der Unterlagen: weniger gut

Berufsweg in zeitlicher Reihenfolge:

1995-1997	Ausbildung, C. F. Steinmeyer GmbH, Hannover
1999–2004	Sachbearbeiter beim Möbelmarkt in Braunschweig
seit 2004	Sachbearbeiter, zuletzt Verkaufsleiter, bei der Weller AG in Goslar

Methoden zur Informationsbeschaffung und -verarbeitung

Unterrichtsbeispiel: „Personalauswahl" (Fortsetzung)

Herbert Bauer
Frankenstr. 36
53175 Bonn

Möbelbau GmbH
Industriestr. 13
38440 Wolfsburg

Bewerbung für die Stelle „Abteilungsleiter Naturholzmöbel"

Sehr geehrter Herr Peling,

ich möchte mich hiermit für die Stelle als Abteilungsleiter im Einkauf bewerben.

Nach erfolgreichem Abschluss meiner Ausbildung
zum Bankkaufmann habe ich im Einkauf der Möbelbau AG in Bonn gearbeitet. Während meiner derzeitigen Tätigkeit bei der Bürowelt GmbH bin ich für den
Einkauf von Holz verantwortlich.

An der Arbeit mit Naturholzmöbel bin ich sehr inte-
ressiert. Dabei sagt mir nach Jahren in der Groß-
industrie die Größe Ihres Unternehmens sehr zu.

Über eine Einladung zum Vorstellungsgespräch würde ich mich sehr freuen.

Mit freundlichen Grüßen

Herbert Bauer

BEWERBUNGEN INNENDIENST
Auswertungsbogen

Name:	Vorname:	Eingangsdatum
Bauer,	Herbert	29.10.20..

Zeitung	vom:	Stellenanzeige ☑
„FAZ"	24.10.20..	freie Bewerbung ☐

Alter:	Familienstand:	Wohnsitz:
39	verheiratet	Bonn

Besonderheiten: mobil? ja/nein
Familie will noch 5 Jahre in Bonn bleiben.

Schulabschluss:	Studium:	Berufserfahrung:
☐ Hauptschule	Betriebs-	abgeschlossene Be-
☐ Mittlere Reife	wirtsch.-	rufsausbildung als:
☐ FHS-Reife	lehre in	Bankkaufmann
☑ Abitur	Kiel	
☐ Sonstige	Dipl.-Kfm.	Berufsjahre: 11

Zeugnisse: Qualität: 2
Besonderheiten: Erwartet Aufstieg zum Abteilungsleiter „Einkauf"

Begründung des Stellenwechsels: plausibel
Gesamteindruck der Unterlagen: gut

Berufsweg in zeitlicher Reihenfolge:
1995-1997	Bankausb., Bankhaus Wolff AG
1997-2003	Studium, Uni Kiel
2003-2005	Sachbearbeiter Einkauf
	Wohnmöbelbau AG, Bonn
seit 2005	stellvertr. Leiter Einkauf
	bei der Bürowelt GmbH, Bonn

Methoden zur Informationsbeschaffung und -verarbeitung

Unterrichtsbeispiel: „Personalauswahl" (Fortsetzung)

Veronika Dormann
Heidkampsweg 4
38518 Gifhorn

Möbelbau GmbH
Industriestr. 13
38440 Wolfsburg

Bewerbung für die Stelle Leiter Naturholzmöbel

Sehr geehrte Damen und Herren,

von meinem Ehemann habe ich erfahren, dass Sie einen Abteilungsleiter „Naturholzmöbel" suchen. Wie Sie aus meinen Bewerbungsunterlagen ersehen können, verfüge ich über mehrere Jahre kaufmännische Berufserfahrung im Bereich Industrie. Zuletzt war ich im Einkauf der Moll OHG in Gifhorn tätig. Davor habe ich im Versand gearbeitet. Die letzten Jahre habe ich der Erziehung meiner Kinder gewidmet und möchte nun wieder in den Beruf einsteigen.

Ich würde mich sehr freuen, zu einem persönlichen Gespräch eingeladen zu werden.

Mit freundlichen Grüßen

Veronika Dormann

BEWERBUNGEN INNENDIENST
Auswertungsbogen

Name:	Vorname:	Eingangsdatum
Dormann	Veronika	30.10.20..

Zeitung	vom:	Stellenanzeige ☑
Wob. Kurier	24.10.20..	freie Bewerbung ☐

Alter:	Familienstand:	Wohnsitz:
34	verheiratet	Gifhorn

Besonderheiten: mobil? ja/nein
Ehemann ist Sachbearb. in Abt. Export

Schulabschluss: **Studium:** **Berufserfahrung:**
☐ Hauptschule   abgeschlossene Be-
☑ Mittlere Reife   rufsausbildung als:
☐ FHS-Reife   Bürokauffrau
☐ Abitur
☐ Sonstige   Berufsjahre: 12

Zeugnisse: Qualität: 2
Besonderheiten: keine

Begründung des Stellenwechsels: keine
Gesamteindruck der Unterlagen: gut

Berufsweg in zeitlicher Reihenfolge:
1995-1997   Kfm. Ausbildung, Meyer KG
             Fahrradbau, Braunschweig
1997-1998   Sachbearbeiter Versand dto.
1998-2007   Sachbearbeiter Einkauf,
             Moll OHG, Holzwaren,
             Gifhorn
seit 2007   Elternzeit

Methoden zur Informationsbeschaffung und -verarbeitung

Unterrichtsbeispiel: „Personalauswahl" (Fortsetzung)

Joseph Amberg
Grenzstr. 123
31228 Peine

Möbelbau GmbH
Industriestr. 13
38440 Wolfsburg

Bewerbung für die Stelle Leiter Naturholzmöbel

Sehr geehrter Herr Peling,

ich suche ein neues Betätigungsfeld und habe mit großem Interesse Ihre Anzeige in der Frankfurter Allgemeinen Zeitung gelesen und möchte mich hiermit um diese Stelle bewerben.

Während meiner Ausbildung zum Möbeltischler habe ich bereits erste Erfahrungen mit der Herstellung von Naturholzmöbeln machen können. Durch mein Studium der Holztechnik habe ich umfassende Kenntnisse über Material und Produktion hinzugewonnen. Diese konnte ich vor allem während meiner Tätigkeit als Assistent des Produktionsleiters in den Möbelwerken Trier vervollständigen. Der Umgang mit Menschen macht mir großen Spaß. Besonders in meiner derzeitigen Tätigkeit bin ich darauf angewiesen, durch mein verkäuferisches Geschick gute Verhandlungsergebnisse zu erzielen.

Ich würde mich freuen, wenn ich mich Ihnen vorstellen dürfte.

Mit freundlichen Grüßen

Joseph Amberg

BEWERBUNGEN INNENDIENST
Auswertungsbogen

Name: Amberg | Vorname: Joseph | Eingangsdatum 28.10.20..

Zeitung „FAZ" | vom: 24.10.20.. | Stellenanzeige ☑ freie Bewerbung ☐

Alter: 31 | Familienstand: verheiratet | Wohnsitz: Peine

Besonderheiten: | mobil? ja/nein

Schulabschluss: ☐ Hauptschule ☐ Mittlere Reife ☑ FHS-Reife ☐ Abitur ☐ Sonstige | Studium: FHS München Holztechnik | Berufserfahrung: abgeschlossene Berufsausbildung als: Möbeltischler Berufsjahre: 10

Zeugnisse: Qualität: 2
Besonderheiten: keine

Begründung des Stellenwechsels: plausibel
Gesamteindruck der Unterlagen: gut

Berufsweg in zeitlicher Reihenfolge:
1997-2000 Ausbildung zum Möbeltischler
2000-2005 Studium, München
2005-2008 Assistent des Produktionsleiters, Möbelwerke Trier
seit 2008 Einkaufsberater im Außendienst

Unterrichtsbeispiel: „Personalauswahl" (Fortsetzung)

Kriterium	Gewich-tung	J. Giller		H. Bauer		V. Dormann		J. Amberg	
		Punkte	Gew. Punkte	Punkte	Gew. Punkte	Punkte	Gew. Punkte	Punkte	Gew. Punkte
Summe									

Lösungshinweis:

Beurteilung von Giller:

Positiv	Negativ
1. Hat eine **gute Ausbildung** 2. Hat **Erfahrung**, sogar in der **Möbel-branche** 3. **Führung**serfahrungen	1. **Zeugnis** enthält keine Angaben über Leistung 2. **Kein lückenloser** Lebenslauf 3. Sehr **von sich eingenommen** (Hält sich für den Besten)

Beurteilung von Bauer:

Positiv	Negativ
1. Hat eine **gute Ausbildung** 2. Hat **Erfahrung**, sogar in der **Möbel-branche**	1. **Familie** ist nicht bereit zu **wechseln**. 2. Strebt **Aufstieg** zum Abteilungsleiter an → daran denken, dass die Stelle dauerhaft zu besetzen ist. (nur wenn diese Stelle bald neu zu besetzen ist – Bewerbungsunterlagen behalten)

Beurteilung von Dormann:

Positiv	Negativ
	1. Keine umfassende **Ausbildung** 2. Hat keine **Erfahrung** in der Möbel-branche 3. Keine **Führung**serfahrungen 4. 3 Jahre aus dem Beruf 5. Fehlt u. U. oft wg. Kinder

Methoden zur Informationsbeschaffung und -verarbeitung

Unterrichtsbeispiel: „Personalauswahl" (Fortsetzung)

Beurteilung von Amberg:

Positiv	Negativ
1. Hat eine **gute Ausbildung** 2. Hat **Erfahrung**, sogar in der **Möbel-branche** 3. **Führungs**erfahrungen	

→ Eindeutig am besten geeignet

4.13 Passives Lernkonzept

Beschreibung

Der Lehrer liest ein Märchen vor. Dabei wird die Erzählung durch meditative Musik untermalt. Das besondere des Märchens ist, dass auf ungewöhnliche Weise Unterrichtsthemen, wie beispielsweise Rechte des Verkäufers bei Schlechtlieferung oder Zahlungsverkehrsarten in das Märchen integriert sind.

Es wird die Assoziation der Lerninhalte mit der Geschichte und der Musik gefördert. Der Behaltenseffekt wird dadurch gesteigert. Zu beachten ist, dass dieses nicht den Unterricht ersetzt. Denn die Begrifflichkeiten werden zwar besser behalten, jedoch fehlt die Einbindung und Anwendung in den beruflichen Handlungsprozess.

Einsatzmöglichkeiten:

Diese Methode eignet sich vor allem, um:
- den Behaltenseffekt von Begriffen/Abläufen zu festigen,
- Überraschungs- und Spannungseffekt durch den Verlauf des Märchens zu erzeugen,
- auf ungewöhnliche Weise einen motivierenden Unterrichtseinstieg zu erzielen.

Vorbereitung:

Ein Märchen formulieren, in dem Begriffe eingebunden werden. Alternativ könnte auch eine Abenteuergeschichte erstellt werden.

Ablauf:

1. Phase: Präsentation des Märchens

Das Märchen wird vorgelesen. Zugleich untermalt meditative Musik den Vortrag.

2. Phase: Vertiefung

Durch das „Passive Lernen" werden die Schüler mit neuen Lerninhalten konfrontiert. Jedoch fehlt eine Anwendung und Reflexion dieser Inhalte. Eine Vertiefung ist daher besonders wichtig.

Methoden zur Informationsbeschaffung und -verarbeitung

Sozialformen:

1. Phase = Plenum
2. Phase = Einzel-, Partner-, Gruppenarbeit oder Plenum

Unterrichtsbeispiel: Elektronischer Zahlungsverkehr

Das Märchen vom Königspaar und dem Zwerg

Es war einmal ein König und eine Königin. Sie lebten in einem wunderschönen Schloss mit einem wunderschönen Garten. Doch es fehlte das Lachen und Geschrei von Kinderstimmen in diesen schönen Mauern. So sehr sich das Königspaar auch eine kleine Prinzessin oder einen jungen Prinzen wünschten – dieser Wunsch blieb ihnen verwehrt.

Eines Tages gingen der König und die Königin im Garten spazieren. Wieder einmal klagten sie sich dabei ihr Leid, dass sie keine Kinder haben konnten. In diesem Moment sprang plötzlich ein kleiner grüner Zwerg aus einem Busch hervor und sprach mit einer heiseren Stimme zu ihnen: „Ich habe von eurem Leid gehört. Gerne möchte ich euch helfen. Ich habe hier einen Katalog mit den schönsten Prinzessinnen und Prinzen." Ungläubig schauten der König und die Königin den Zwerg an. Sie wussten nicht, ob sie dem kleinen Zwerg trauen konnten. Dieser spürte das Zögern des Paares und sagte geschwind: „Ihr müsst nur eines der Kinder im Katalog auswählen, mich entlohnen und dann wird das Kind kommen."

Daraufhin setzte sich das Paar auf eine Bank, nahm den Katalog und schaute sich die Bilder mit den Kindern an. Nach einer Weile hatten die beiden sich entschieden. Sie wählten die Prinzessin „Electronic Cash" aus. Doch für seine Dienste verlangte der Zwerg entlohnt zu werden und forderte von dem Königspaar 1.000 Euro. Mit großem Erschrecken musste der König feststellen, dass er kein Bargeld dabei hatte, um den Zwerg für seine Dienste zu entlohnen. Da wurde die Königin sehr traurig und fing bitterlich an zu weinen. Der Zwerg hatte ein Einsehen und sagte: „König, du kannst auch mit deiner Plastikkarte bezahlen", und holte ein elektrisches Gerät hervor. Der König steckte seine Karte hinein, bestätigte den zu zahlenden Betrag von 1.000 Euro und tippte eine vierstellige Geheimzahl in das Gerät ein. Nach einer kurzen Weile des Wartens konnte er an dem Gerät lesen „Zahlung erfolgt". Nun sagte der Zwerg: „König, ich habe jetzt die Garantie, dass du zahlen wirst. In neun Monaten wird eure Prinzessin ‚Electronic Cash' geboren werden."

Und so war es. Neun Monate später erblickte die Prinzessin „Electronic Cash" das Licht der Welt. Sie war die hübscheste Prinzessin im ganzen Königreich. Alle liebten sie. Nun hörte man ein Kinderlachen im ganzen Schloss und der König und die Königin waren die glücklichen Eltern.

Das Königspaar dachte, dass es schön wäre, wenn die Prinzessin ein Brüderchen hätte, mit dem es spielen könnte. Doch so sehr sie sich einen Sohn wünschten – dieser Wunsch blieb ihnen verwehrt. Eines Tages gingen der König und die Königin wieder im Garten spazieren. Sie klagten dabei erneut ihr Leid, dass sie keinen Sohn haben konnten. In diesem Moment sprang wieder der kleine grüne Zwerg aus einem Busch hervor und sprach: „Ich habe von eurem Leid gehört. Gerne möchte ich euch helfen. Ich habe hier einen Katalog mit den schönsten Prinzen." Sofort setzten sich die beiden auf eine Bank, nahmen den Katalog und wählten einen Jungen aus. Sie wollten

Methoden zur Informationsbeschaffung und -verarbeitung

Unterrichtsbeispiel: Elektronischer Zahlungsverkehr (Fortsetzung)

den Prinzen „ELV" haben. Doch für seine Dienste verlangte der Zwerg entlohnt zu werden und forderte von dem Königspaar erneut 1.000 Euro. Wieder musste der König mit großem Erschrecken feststellen, dass er kein Bargeld dabei hatte, um den Zwerg für seine Dienste zu entlohnen. Da wurde die Königin sehr traurig und fing bitterlich an zu weinen. Erneut hatte der Zwerg ein Einsehen und sagte: „König, du kannst mit deiner Plastikkarte bezahlen", und holte ein elektrisches Gerät hervor. Der König steckte seine Karte hinein und bestätigte den zu zahlenden Betrag von 1.000 Euro. Doch dieses Mal bekam er einen Zettel, auf dessen Rückseite er seinen Namen schreiben sollte. Der Zwerg sagte: „Dieses Mal habe ich zwar nicht die Garantie, dass du zahlen wirst. Dafür muss ich nicht so viele Gebühren entrichten. Ich verpreche euch, in neun Monaten wird euer Prinz ‚ELV' geboren werden."

Doch dieses Mal hat der Zwerg sein Versprechen nicht eingehalten. Neun Monate später erblickte nicht ein Junge, sondern wieder ein Mädchen das Licht der Welt. Sofort riefen sie nach dem Zwerg. Dieser erschien erneut im Schlossgarten. Das Königspaar verlangte, dass der Zwerg das Mädchen zurücknehmen sollte. Daraufhin sagte er: „Gerne nehme ich die Prinzessin wieder zurück, doch den Kaufpreis von 1.000 Euro werde ich nicht zurückgeben. Da sagte der König mit sicherer Stimme: „Wir werden der Abbuchung von unserem Konto widersprechen und unsere Bank wird uns das Geld wieder zurückgeben. Der Zwerg wurde über die Worte des Königs so böse, dass er das Mädchen nahm und für immer verschwand. Nie wieder wurde er im ganzen Königreich gesehen.

Das Königspaar lud von da an viele Kinder aus dem ganzen Königreich in das Schloss ein und die Prinzessin hatte nun viele Spielkameraden. So lebten sie sehr glücklich und zufrieden...

...und wenn sie nicht gestorben sind, so leben sie noch heute.

4.14 Puzzle

Beschreibung

Die Schüler erhalten Puzzleteile, die betriebswirtschaftliche oder gesellschaftliche Prozesse als Gesamtbild darstellen. Spielerisch setzen die Schüler die Grafik zunächst zusammen, ohne sich mit den Inhalten auseinander zu setzen.

Anhand von Leitfragen sollen die Lernenden die Grafik hinterfragen.

Einsatzmöglichkeiten:

Diese Methode eignet sich vor allem, um:
● Gesamtzusammenhänge zu veranschaulichen,
● Prozesse darzustellen.

Vorbereitung:

Puzzleteile mit Begriffen, die ein Gesamtbild ergeben.

Ablauf:

1. Phase: Zusammensetzen des Puzzles

Die Puzzleteile werden zusammengesetzt und anschließend präsentiert. Zur Visualisierung der Präsentation sind folgende Alternativen möglich:

● Das zusammengesetzte Puzzle wird auf eine Folie kopiert und für alle mithilfe des OHP visualisiert. Zur Ergebnissicherung wird das Puzzle auf ein Blatt Papier geklebt.
● Die Schüler erhalten die Puzzleteile, die bereits auf Folie kopiert sind und mit Klebefilm auf eine unbeschriftete Folie angeheftet werden. Auch hier lässt sich zur Ergebnissicherung die Folie für alle kopieren.
● Die Puzzleteile sind so groß, dass sie auf ein Plakat geklebt werden können und auch aus größerer Distanz zu lesen sind.

2. Phase: Reflexion

Mit dem Zusammensetzen der Puzzleteile ist zwar Motivation, jedoch noch kein Lernzuwachs erzielt worden. Mithilfe von Leitfragen müssen sich die Schüler gezielt mit den Inhalten auseinander setzen.

Sozialformen:

1. Phase = Gruppenarbeit
2. Phase = Gruppenarbeit und/oder Plenum

Unterrichtsbeispiel: Ablauf Tarifverhandlungen

 Arbeitsauftrag:

1. Setzen Sie die Puzzleteile zusammen.
2. Beantworten Sie die folgenden Fragen:
   – Wer ist berechtigt, einen Tarifvertrag zu kündigen?
   – In welchen Phasen kommt bei Tarifverhandlungen ein neuer Tarifvertrag zustande?
   – Wann endet die Friedenspflicht?

Methoden zur Informationsbeschaffung und -verarbeitung

Unterrichtsbeispiel: Ablauf Tarifverhandlungen (Fortsetzung)

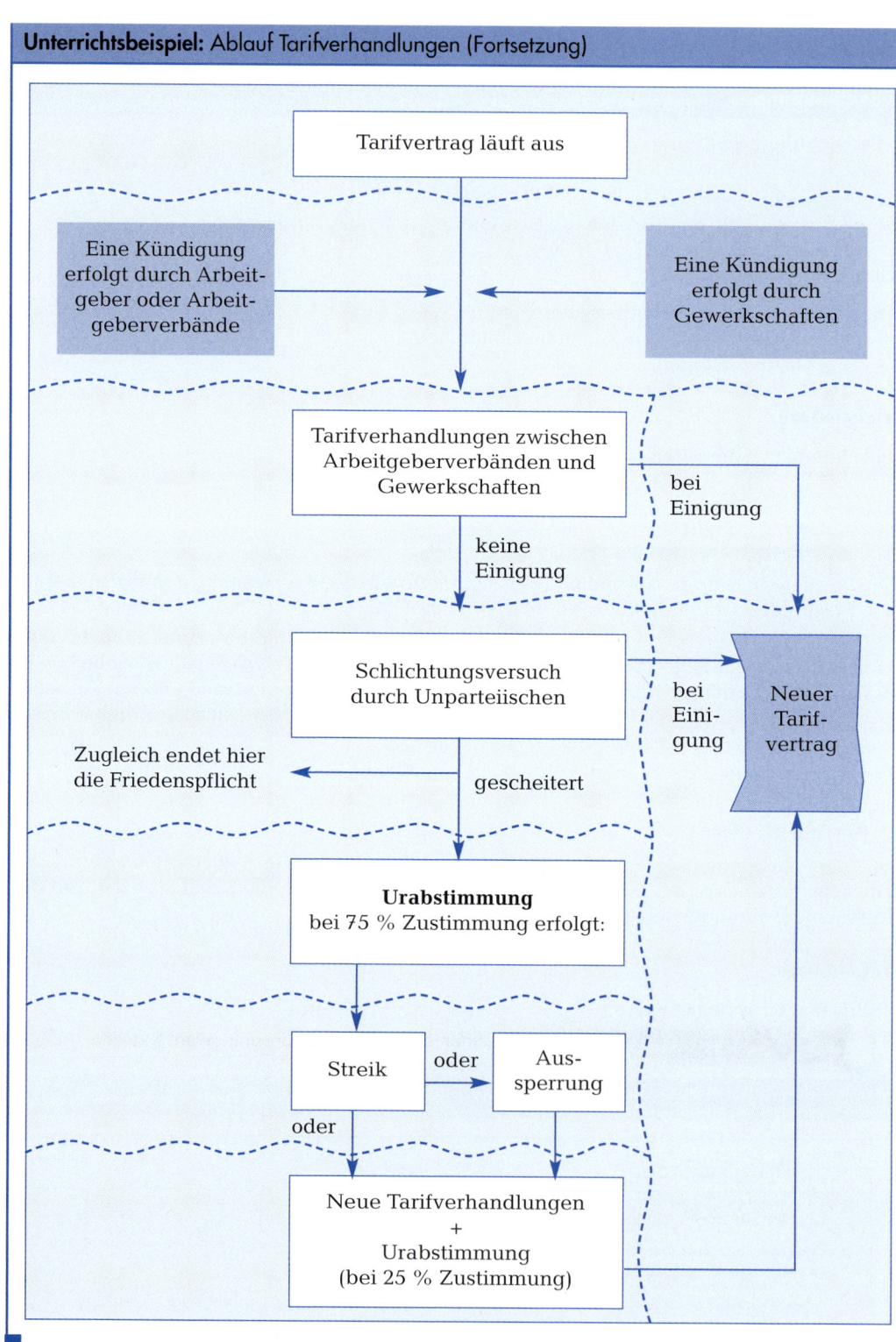

4.15 Reihenfolge festlegen

Beschreibung

Diese Methode eignet sich vor allem dazu, dass sich Schüler in Prozesse hineinversetzen und diese verstehen. Hierzu erhalten die Schüler ein Arbeitsblatt, in dem die Schritte eines Prozesses aufgelistet sind. Jedoch ist dieser Prozess in einer falschen Reihenfolge dargestellt. Die Schüler tragen nun Ziffern vor die einzelnen Schritte, die die richtige Reihenfolge wiedergeben.

Zur Bearbeitung sollten die Schüler zusätzliche Informationsmaterialien nutzen.

Einsatzmöglichkeiten:

Diese Methode eignet sich vor allem, um:
- sich in Arbeitsabläufe/Prozesse hineinzuversetzen,
- Arbeitsabläufe/Prozesse nachzuvollziehen.

Ablauf:

1. Phase: Erarbeitung

In Einzel- oder Partnerarbeit ermitteln die Schüler die Reihenfolge von Arbeitabläufen oder Prozessen. Die Grundlage für die Erarbeitung bilden Lehrbücher, Informationstexte oder Gesetzestexte.

2. Phase: Reflexion

Die Ergebnisse werden verglichen und die Inhalte hinterfragt.

Sozialformen:

1. Phase = Einzel- oder Partnerarbeit
2. Phase = Plenum

Unterrichtsbeispiel: Einberufung einer Hauptversammlung

FALLBEISPIEL:

Quelle: Volkswagen AG

Um den Kapitalbedarf von 1,6 Mrd. EUR für den Bau einer neuen Produktionsanlage in Sachsen-Anhalt aufzubringen, hat der Vorstand der Volkswagen AG geplant, zunächst 1,0 Mrd. EUR durch Emission (Ausgabe) junger Aktien zu finanzieren.

Für diese Kapitalerhöhung benötigt der Vorstand die Zustimmung der Eigentümer der Aktiengesellschaft. Er muss daher die Aktionäre zu einer Hauptversammlung einberufen.

Im Mittelpunkt dieser Hauptversammlung soll die geplante Kapitalerhöhung stehen. Wie und durch wen die Aktionäre zur Hauptversammlung eingeladen werden, ist von der Art der Aktie abhängig. Dabei unterscheidet man zwischen Inhaberaktien und Namensaktien.

Methoden zur Informationsbeschaffung und -verarbeitung

Unterrichtsbeispiel: Einberufung einer Hauptversammlung (Fortsetzung)

FALLBEISPIEL (Fortsetzung):

Inhaberaktien (z. B. Volkswagen Aktien)	**Namensaktien** (z. B. Telekom Aktien)
Der jeweilige Inhaber der Aktien kann die Rechte aus dem Papier geltend machen. Der Aktionär ist der Aktiengesellschaft nicht bekannt.	Der Aktionär wird grundsätzlich in ein Aktienregister eingetragen und ist der Aktiengesellschaft mit seinem Namen, Wohnort und Geburtsdatum bekannt.

Arbeitsauftrag:

Bringen Sie die folgenden Schritte einer einwandfreien Einladung zur Hauptversammlung bei Inhaber- und bei Namensaktien in die richtige Reihenfolge.

Ablauf einer Einladung zur Hauptversammlung bei Inhaberaktien

☐ Mindestens einen Monat vor dem Termin der Hauptversammlung ist diese einzuberufen.

☐ Die Tagesordnung der Hauptversammlung ist bei Einberufen öffentlich bekannt zu machen (z. B. Tageszeitung). Zugleich erhalten die Depotbanken (Hausbanken der Aktionäre) diese Tagesordnung.

☐ Nach der Bekanntmachung der Einberufung werden Anträge der Aktionäre zu den geplanten Tagesordnungspunkten an die anderen Aktionäre weitergeleitet.

☐ Die Aktionäre fordern die Eintrittskarte bei ihrer Depotbank an. Die Depotbank besorgt ihren Aktionären die Eintrittskarte für die Hauptversammlung.

☐ Die Depotbanken geben die Mitteilung über die Einberufung der Hauptversammlung, sowie die Tagesordnung an die Aktionäre, ihren Kunden, unverzüglich weiter.

☐ Der Aktionär erhält auf der Hauptversammlung seine Stimmrechtskarten.

Ablauf einer Einladung zur Hauptversammlung bei Namensaktien

☐ Mindestens einen Monat vor dem Termin der Hauptversammlung ist diese einzuberufen.

☐ Die Tagesordnung der Hauptversammlung ist bei Einberufen öffentlich bekannt zu machen (z. B. Tageszeitung). Die Aktionäre werden direkt vom Vorstand der Aktiengesellschaft eingeladen und erhalten die Tagesordnung.

☐ Nach der Bekanntmachung der Einberufung werden Anträge der Aktionäre zu den geplanten Tagesordnungspunkten an die anderen Aktionäre weitergeleitet.

☐ Die Aktionäre fordern die Eintrittskarte direkt bei der Aktiengesellschaft an. Anhand des Aktienregisters kann die Aktiengesellschaft sehen, wer stimmberechtigt ist.

☐ Der Aktionär erhält auf der Hauptversammlung seine Stimmrechtskarten.

Unterrichtsbeispiel: Einberufung einer Hauptversammlung (Fortsetzung)

Lösung:

 Arbeitsauftrag:

Bringen Sie die folgenden Schritte einer einwandfreien Einladung zur Hauptversammlung bei Inhaber- und bei Namensaktien in die richtige Reihenfolge.

Ablauf einer Einladung zur Hauptversammlung bei Inhaberaktien	**Ablauf einer Einladung zur Hauptversammlung bei Namensaktien**
1 Mindestens einen Monat vor dem Termin der Hauptversammlung ist diese einzuberufen. Die Tagesordnung der Hauptversammlung ist bei Einberufen öffentlich bekannt zu machen (z. B. Tageszeitung). Zugleich erhalten die Depotbanken (Hausbanken der Aktionäre) diese Tagesordnung.	1 Mindestens einen Monat vor dem Termin der Hauptversammlung ist diese einzuberufen. Die Tagesordnung der Hauptversammlung ist bei Einberufen öffentlich bekannt zu machen (z. B. Tageszeitung). Die Aktionäre werden direkt vom Vorstand der Aktiengesellschaft eingeladen und erhalten die Tagesordnung.
3 Nach der Bekanntmachung der Einberufung werden Anträge der Aktionäre zu den geplanten Tagesordnungspunkten an die anderen Aktionäre weitergeleitet.	2 Nach der Bekanntmachung der Einberufung werden Anträge der Aktionäre zu den geplanten Tagesordnungspunkten an die anderen Aktionäre weitergeleitet.
4 Die Aktionäre fordern die Eintrittskarte bei ihrer Depotbank an. Die Depotbank besorgt ihren Aktionären die Eintrittskarte für die Hauptversammlung.	3 Die Aktionäre fordern die Eintrittskarte direkt bei der Aktiengesellschaft an. Anhand des Aktienregisters kann die Aktiengesellschaft sehen, wer stimmberechtigt ist.
2 Die Depotbanken geben die Mitteilung über die Einberufung der Hauptversammlung, sowie die Tagesordnung an die Aktionäre, ihren Kunden, unverzüglich weiter.	4 Der Aktionär erhält auf der Hauptversammlung seine Stimmrechtskarten.
5 Der Aktionär erhält auf der Hauptversammlung seine Stimmrechtskarten.	

Methoden zur Informationsbeschaffung und -verarbeitung

4.16 Stationenlernen

Beschreibung

Die Idee des Stationenlernens kommt ursprünglich aus dem Bereich des Sports. Hier werden unterschiedliche Übungsstationen in Kreisform aufgebaut, die der Reihe nach oder in freier Auswahl durchlaufen werden.

Das Prinzip des Stationenlernens lässt sich auch auf andere Fachrichtungen übertragen. Hierzu werden verschiedene Teilaspekte eines Lerngegenstandes in einzelne Aufgaben umgesetzt und gleichzeitig an so genannten Lernstationen von den Schülern bearbeitet. Der Lernprozess und das Lerntempo werden selbstständig von den Lernenden festgelegt.

Einsatzmöglichkeiten:

Diese Methode eignet sich vor allem, um:

- die selbstständige Informationsbeschaffung und -auswertung zu fördern,
- die Fähigkeit zu entwickeln, Arbeitsschritte zielgerichtet zu planen und festzulegen, ergebnisorientiert zu arbeiten.

Vorbereitung:

Der Aufwand für die Vorbereitung ist sehr hoch, denn bei der Gestaltung der Lernstationen sollte darauf geachtet werden, dass verschiedene Lernkanäle angesprochen werden. Dabei kann sich folgender Mittel bedient werden:

- Informationstexte
- Grafiken, Bilder
- Anschauungsmaterialien
- Lernspiele (z. B. Puzzle, Domino)
- Hörspiele
- Filme

Wie umfangreich die Lerninhalte der einzelnen Stationen sind, ist von den jeweiligen Lerngruppen abhängig. Bei der Gestaltung der Stationen muss darauf geachtet werden, dass sie nicht nur der Informationsbeschaffung dienen. Es sollten auch Übungsstationen integriert werden oder Stationen, an denen das Erlernte, beispielsweise mithilfe einer abschließenden Präsentation, zusammengefasst wird.

Ablauf:

1. Phase: Einführung

Im Klassenzimmer werden die verschiedene Lernstationen aufgebaut. Anschließend wird den Schülern die Methode „Stationenlernen" vorgestellt. Ggf. erfolgt ein Rundgang mit den Schülern um ihnen einen Überblick über die zu bearbeitenden Lernstationen zu geben und sie mit den Regeln dieser Methode vertraut zu machen.

2. Phase: Durchführung

Die Klasse wird in Gruppen aufgeteilt. Die Kleingruppen bewegen sich frei im Klassenraum und müssen selbstständig den Inhalt der Lernstationen erarbeiten. Der Lehrer nimmt sich aus dem Mittelpunkt des Geschehens heraus. Er kann Hilfestellung anbieten, steht für Rückfragen zur Verfügung und hat die Gelegenheit zum distanzierten Beobachten der Lernenden. Je nach Gestaltung der Lernstationen besteht die Möglichkeit, dass die Schüler die Lernstationen der Reihe nach durchlaufen. Beispielsweise nach fünf Minuten rotieren alle Gruppen und gehen jeweils zur nächsten Station. Es ist aber auch denkbar, die Schüler selbst entscheiden zu lassen, in welcher Reihenfolge die Stationen bearbeitet werden.

Können die Schüler die Stationen nach ihm individuellen Lerntempo anlaufen, bzw. dort verweilen, besteht die Problematik, dass einzelne Stationen zu lange blockiert sind. Damit kein „Stau" an einzelnen Stationen entsteht, sollten Wahlstationen eingerichtet werden, die eine inhaltliche Ergänzung bietet. Vor allem leistungsstarke Schüler können hier entsprechend ihres Lerntempos durch diese zusätzliche Herausforderung gezielt gefördert werden.

Um die Motivation der Schüler zu erhöhen, können die Lernstationen einen „Rallye-Charakter" erhalten. Dazu bekommt jede Gruppe zu Beginn der Durchführung ein Aufgabenblatt, das sie mithilfe der Lernstationen bearbeitet.

3. Phase: Reflexion

Diese Phase kann sehr unterschiedlich gestaltet sein. Wird beobachtet, dass die Schüler an einzelnen Stationen Probleme hatten, müssen diese hinterfragt und geklärt werden. Haben die Schüler Präsentationen erarbeitet, werden diese abschließend vorgestellt und reflektiert.

Sozialformen:

1. Phase = Plenum
2. Phase = Gruppenarbeit
3. Phase = Plenum

4.17 Textsalat

Beschreibung

Ähnlich wie beim Buchstabensalat, geht es hier darum, Begriffe den entsprechenden Erklärungen bzw. Definitionen gegenüber zu stellen. Jedoch sollen hier Definitionen/Erklärungen den richtigen Begriffen zugeordnet werden.

Einsatzmöglichkeiten:

Diese Methode eignet sich vor allem, um:

● Definitionen zu lernen,

● selbstständig Wissen anzueignen,

● bekanntes Wissen zu vertiefen.

Vorbereitung:

Auf einem Arbeitsblatt werden Begriffe entsprechenden Erklärungen gegenüber gestellt. Anschließend werden die Lösungsworte vertauscht.

Methoden zur Informationsbeschaffung und -verarbeitung

Ablauf:

1. Phase: Durchführung

Die Schüler erhalten ein Arbeitsblatt mit Definitionen/Erklärungen. Die Erklärungen und die dazugehörigen Fachbegriffe müssen nun richtig zugeordnet werden. Unterstützend können die Schüler ihr Lehrbuch nutzen. Es stellt eine Hilfestellung für die Beantwortung des Arbeitsauftrages dar. Zugleich werden die Lernenden so auf spielerische Weise herangeführt, sich Inhalte selbst anzuzeigen.

2. Phase: Auswertung

Im Plenum werden die Ergebnisse verglichen. Hierbei ist es die wichtigste Aufgabe des Lehrers, die Bedeutung der Fachbegriffe zu hinterfragen und für alle verständlich zu machen.

Sozialformen:

1. Phase = Einzel- oder Partnerarbeit
2. Phase = Plenum

Unterrichtsbeispiel: Werbeplan

 Arbeitsauftrag:

Ordnen Sie die folgenden Kriterien nach denen ein Werbeplan festgesetzt wird und die dazu gehörenden Erläuterungen einander richtig zu.

Streuzeit, Streudichte, Streugebiet, Streukreis, Reichweite, Streuweg

Erläuterungen	Kriterien eines Werbeplans
Dies ist der Personenkreis, der umworben werden soll; gegliedert nach Zielgruppen (Berufs-, Alters-, Kaufkraftgruppen, Geschlecht):	
Dies ist die geografische Region, in der geworben wird. Sie ist in der Regel mit dem Absatzgebiet identisch.	
Darunter wird die Auswahl der in Anspruch genommenen Werbeträger und die eingesetzten Werbemittel verstanden.	
Streukreis und Streugebiet ergeben zusammen die Anzahl der umworbenen Personen.	
Sie zeigt das Verhältnis des eingesetzten Werbemittels zum Streugebiet, also die Werbeintensität, z. B. Werbekosten je 1.000 Kontakte. Das Kriterium ergibt sich aus Werbeetat und Reichweite.	
Das ist der geplante Zeitpunkt oder Zeitraum für den Einsatz der Werbemittel.	

Die Lösung entspricht dem Unterrichtsbeispiel „Buchstabensalat" auf Seite 43.

5 Methoden zur Reflexion und Vertiefung

Einführung

„Der Sache auf den Grund gehen"
Die folgenden Methoden setzen voraus, dass die Lernenden sich Wissen angeeignet haben. Nun ist es das Ziel, dieses Wissen zu reflektieren, zu bewerten und daraus weitere Schlüsse abzuleiten.

Methoden zur Reflexion und Vertiefung

5.1 Ampelmethode

Beschreibung

Ein Fall zum Thema „Nichtigkeit" von Kaufverträgen:
„Der sechzehnjährige Dennis Schrader kauft sich ein neues Rennrad für 1.450,00 €. Seine Eltern sind über diesen Kauf entsetzt und verlangen, dass er das Fahrrad an den Händler zurückgibt. Der Händler weigert sich. Muss der Händler den Kaufpreis zurückzahlen?"

Werden im Unterricht derartige Fälle im Rahmen eines fragend-entwickelnden Unterrichts bearbeitet, so ist zu beobachten, dass einige Schüler sich einbringen und Lösungsvorschläge vortragen. Andere ziehen sich zurück und warten die Lösung des Falls ab.

Mithilfe der Ampelmethode werden alle Schüler gezwungen, sich für eine Lösung des Falls zu entscheiden.

Einsatzmöglichkeiten:

Diese Methode eignet sich vor allem, um:
- sich zu einer Situation zu äußern und Stellung zu beziehen,
- das Meinungsbild zu visualisieren.

Vorbereitung:

- Jeder Schüler erhält eine rote und eine grüne Karte

Ablauf:

1. Phase: Vorbereitung

Der Lehrer stellt einen Fall vor, der mithilfe einer Folie oder eines Arbeitsblattes präsentiert wird. Anschließend formuliert der Lehrer eine geschlossene Frage, nach der Lösung des Falls bzw. der Situation.

2. Phase: Durchführung

Die Schüler werden aufgefordert über den Fall nachzudenken und sich für eine Lösung zu entscheiden. Stimmen sie zu, müssen sie die grüne Karte hochheben. Bei einer Ablehnung wird die rote Karte gezeigt.

3. Phase: Reflexion

Anschließend werden einzelne Schüler in dieser Phase nun gezielt aufgefordert, ihre Meinung zu begründen. Gegebenenfalls wird die Begründung visualisiert. Danach wird ein neuer Fall präsentiert.

Hinweis

Diese Methode ist auch geeignet, bereits erarbeitete Unterrichtsinhalte zu wiederholen.

Sozialformen:

1. Phase = Plenum
2. Phase = Plenum
3. Phase = Plenum

5.2   Beobachtungsbogen erstellen

Beschreibung

Die Präsentationsfähigkeit von Schülern wird nur gefördert, wenn die Lernenden ein Feedback ihrer Präsentation erhalten. Handelt es sich dabei um eine umfassende Präsentation, beispielsweise um das Ergebnis einer Projektarbeit, ist ein Feedback auf der Grundlage eines Beobachtungsbogens hilfreich. Aber auch ein Rollenspiel oder das Üben eines Bewerbungsgesprächs sollte mithilfe eines Beobachtungsbogens reflektiert werden.

Die Beobachtungskriterien können durch den Lehrer vorgegeben werden. Jedoch ist es lernwirksamer, die Beobachtungskriterien sowie den Beobachtungsbogen selbstständig erstellen zu lassen.

Einsatzmöglichkeiten:

Diese Methode eignet sich vor allem, um:
- positive und negative Verhaltenskriterien zu sammeln,
- Beobachtungskriterien anschließend zu beobachten.

Ablauf:

1. Phase: Erarbeitung

1. Die Schüler erhalten einen Blanko-Beobachtungsbogen und müssen Verhaltenskriterien zu einem vorgegebenen Thema sammeln. Verhaltensbereiche sind beispielsweise:
   - Korrektes Verhalten während einer Präsentation
   - Korrektes Verhalten in einem Bewerbungsgespräch
   - Korrektes Verhalten in einem Verkaufsgespräch
2. Die positive und negative Ausprägung des jeweiligen Verhaltenskriteriums wird formuliert und in den Blanko-Beobachtungsbogen eingetragen.

Die Ergebnisse werden von den Schülern auf eine vorstrukturierte Folie übertragen. Alternativ wird der ausgefüllte Beobachtungsbogen vom Lehrer auf eine Folie kopiert.

2. Phase: Präsentation

Die Gruppen stellen ihren Beobachtungsbogen vor und erläutern kurz ihre Kriterien. Die Mitschüler ergänzen währenddessen fehlende Kriterien auf ihrem Beobachtungsbogen.

3. Phase: Umsetzung

Der Beobachtungsbogen wird beispielsweise während einer Präsentation oder eines Rollenspieles eingesetzt.

Sozialformen:

1. Phase = Gruppenarbeit
2. Phase = Plenum
3. Phase = Plenum

Methoden zur Reflexion und Vertiefung

Unterrichtsbeispiel: Blanko-Beobachtungen

		Punkte					
		1	2	3	4	5	
Visualisierung	Wenig/keine						Treffend
Summe der Punkte (senkrecht)							
Summe der Punkte (waagerecht)							

5.3 Blitzlicht

Beschreibung

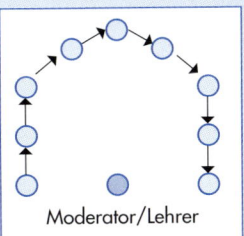

Moderator/Lehrer

Wie ist das Meinungsbild zu einer Unterrichtsstunde oder zu einem kontroversen Thema? Bei einem Blitzlicht sitzen die Teilnehmer (möglichst) in einem Kreis. Der Reihe nach sagt jeder zu einer klar formulierten Leitfrage seine Meinung.

Um deutlich zu machen, wem das Wort erteilt wird, erhält derjenige, der an der Reihe ist, von seinem Vorredner einen Tennisball oder einen ähnlichen Gegenstand.

Einsatzmöglichkeiten:

Diese Methode eignet sich vor allem, um:
- ein Feedback über eine Unterrichtsstunde zu erhalten,
- ein Meinungsbild über ein kontroverses Thema zu bekommen.

Vorbereitung:

- Die Teilnehmer sollten möglichst in einem Stuhlkreis sitzen.
- Ein Tennisball oder ein vergleichbarer Gegenstand dient als Zeichen, wem das Wort erteilt wird.

Ablauf:

1. Phase: Vorbereitung

Der Lehrer formuliert eine offene Leitfrage. Der erste Schüler erhält als Zeichen, dass er das Wort hat, beispielsweise einen Tennisball.

2. Phase: Durchführung

Dieser Schüler gibt zur Fragestellung sein Meinungsbild ab. Das Meinungsbild sollte in wenigen Sätzen kurz formuliert werden. Sobald er endet, gibt er den Ball seinem Nachbarn und erteilt ihm somit das Wort. Es muss darauf geachtet werden, dass die Aussagen weder vom Lehrer noch von den Mitschülern (verbal/nonverbal) kommentiert werden.

Variante:
Diese Methode ist auch geeignet, um alle Teilnehmer aktiv in einen Diskussionsprozess einzubinden. Hierfür wird der Verlauf einer Diskussion kurz unterbrochen und den Teilnehmern die Chance gegeben, sich durch ein Blitzlicht spontan zur Sache zu äußern.

Hinweis:
- Der Lehrer sollte sich Notizen über gegebene Anregungen machen. Zugleich signalisiert er den Schülern, dass deren Aussagen wichtig genommen werden.
- Alternativ wird der Ball nicht zum Nachbarn gegeben, sondern irgend einem Mitschüler zugeworfen. Hierbei besteht die Gefahr, dass das Werfen des Balles von der Themenstellung ablenkt.

Sozialformen:

1. Phase = Plenum
2. Phase = Plenum

Methoden zur Reflexion und Vertiefung

5.4   Dialoge erstellen

Beschreibung

Die Schüler schreiben in vorgefertigte Sprechblasen einen Dialog. Um den Schülern den Anfang zu erleichtern, können die ersten beiden Sprechblasen bereits beschriftet sein. Siehe dazu das Unterrichtsbeispiel zum Thema Vor- und Nachteile von Lastschriften. Anschließend werden die Dialoge von zwei Schülern vorgetragen. Um die Argumente zu visualisieren, sollten die Dialoge auf eine Folie übertragen werden.

Einsatzmöglichkeiten:

Diese Methode eignet sich vor allem, um:
- Pro- und Kontraargumente gegenüber zu stellen,
- bisher erarbeitetes Wissen nochmals reflektieren zu lassen.

Vorbereitung:

Auf einem Arbeitsblatt ist der Anfang eines provozierenden Dialoges notiert sowie leere Sprechblasen eingezeichnet.

Ablauf:

1. Phase: Erarbeitung

Die Schüler sammeln Pro- und Kontraargumente und stellen sie in Dialogform gegenüber.

2. Phase: Präsentation und Reflexion

Die Sprechblasen mit den Inhalten werden von den Schülern auf eine Folie übertragen und der Klasse präsentiert. Im Rahmen der anschließenden Reflexion und Diskussion werden die Argumente auf der Folie unterstrichen.

Sozialformen:

1. Phase = Partner- oder Gruppenarbeit
2. Phase = Plenum

Unterrichtsbeispiel: Vor- und Nachteile für den Zahlungspflichtigen durch Zahlung mittels Lastschriften

Von meinem Konto soll niemand mittels Lastschriften Geld ab-buchen.

Du vergisst dabei aber den Vorteil, dass...

Auf dem Arbeitsblatt sollten bereits weitere Sprechblasen aufgezeichnet sein.

5.5   E-Mail

Ähnlich wie beim Blitzlicht wird hier das Meinungsbild zu einer Unterrichtsstunde oder zu einem kontroversen Thema hinterfragt. Jeder Schüler notiert hierzu seine Meinung (z. B. auf einer Moderatorenkarte). Dieses ist seine E-Mail. Die E-Mails aller Schüler werden vom Lehrer eingesammelt und anschließend von ihm vorgelesen.

Im Gegensatz zum Blitzlicht müssen die Schüler hier nicht im Stuhlkreis sitzen.

Einsatzmöglichkeiten:

Diese Methode eignet sich vor allem, um:
● ein Feedback z. B. über eine Unterrichtsstunde zu erhalten,
● ein Meinungsbild über ein kontroverses Thema zu bekommen.

Vorbereitung:

● Moderatorenkarten oder Zettel entsprechend der Teilnehmerzahl

Ablauf:

1. Phase: Vorbereitung

Der Lehrer formuliert eine offene Leitfrage, zu der die Teilnehmer ihre Meinung notieren sollen. Jeder Schüler erhält eine Moderatorenkarte bzw. einen Zettel.

2. Phase: Durchführung

Jeder Schüler notiert zur Fragestellung seine Meinung auf. Wichtig ist dabei, dass die E-Mail nicht mehr als **15 Worte** umfassen soll. Dieses muss klar angesagt werden. Auch sollte die E-Mail anonym bleiben, sodass sie nicht den Namen des Absenders enthält. Anschließend sammelt der Lehrer alle Moderatorenkarten bzw. Zettel ein und liest sie der Klasse vor.

Sozialformen:

1. Phase = Plenum
2. Phase = Einzelarbeit, anschließend Plenum

Methoden zur Informationsbeschaffung und -verarbeitung

5.6   Engelchen und Teufelchen

Beschreibung

Durch die Übung sollen Schüler lernen, Argumente zu sammeln und abzuwägen.

Insgesamt sind in diese Übung sechs Schüler einge-bunden. Zwei Schüler setzen sich jeweils auf einen Stuhl gegenüber. Rechts und links stellt sich jeweils ein Schüler. Der eine ist das Teufelchen, der andere das Engelchen.

Einsatzmöglichkeiten:

Diese Methode eignet sich vor allem, um:
- Pro- und Kontraargumente gegenüber zu stellen,
- ein Meinungsbild über ein kontroverses Thema zu bekommen.

Vorbereitung:

- Eine Leitfrage wird formuliert und ggf. an der Tafel notiert.
- Zwei Stühle werden in die Mitte des Klassenraums gestellt.

Ablauf:

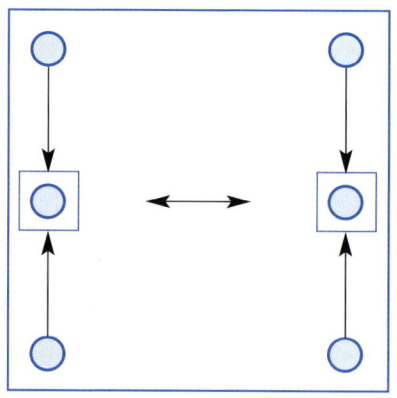

1. Phase: Einführung

Den Schülern wird zunächst der Ablauf dieser Methode erläutert. Insgesamt sind in diese Übung sechs Schüler eingebunden. Zwei Schüler setzen sich jeweils auf einen Stuhl gegenüber. Rechts und links der beiden sitzenden Schüler stellt sich jeweils ein Schüler. Der eine ist das Teufelchen, der andere das Engelchen.

2. Phase: Durchführung

Die beiden Schüler, die sich gegenübersitzen, begin-nen nun eine Unterhaltung zur vorgegebenen Leit-frage (z. B. soll die Todesstrafe wieder eingeführt wer-den?). Bevor ein Schüler etwas sagt, gibt zuerst das Teufelchen, dann das Engelchen einen Ratschlag zu einer möglichen Antwort. Eines der beiden Argumente muss nun der Schüler laut vortragen. Das Teufelchen empfiehlt immer etwas Negatives, das Engelchen dagegen immer etwas Positives. Welches Argument der Schüler äußert, kann er entscheiden.

Nun muss der gegenübersitzende Schüler antworten. Doch auch er kann nicht spontan Ant-worten und muss zunächst die Argumente seines Teufelchens und seines Engelchens anhören, bevor er eine Anwort auswählt. Zu jeder Aussage werden so die unterschied-lichen Sichtweisen vorher verdeutlicht.

3. Phase: Reflexion

Problematisch bei dieser Methode ist, dass die Argumente nur durch einen Protokollanten festgehalten werden können.

Sozialformen:

1. Phase = Plenum
2. Phase = Plenum
3. Phase = Plenum

5.7 Ideenkartei

Beschreibung

Jeder Schüler schreibt Begriffe, z. B. der letzten Unterrichtseinheit, auf Karten (z. B. Moderatorenkarten). Diese Karten werden vom Lehrer eingesammelt. Anschließend setzen sich die Schüler zu Gruppen zusammen. Die Karten werden an die Gruppen gleichmäßig verteilt, wobei darauf zu achten ist, dass die jeweiligen Gruppenmitglieder die Begriffe zuvor nicht selbst notiert haben.

Danach erarbeiten die Schüler eine Definition der Begriffe und schreiben sie auf die Rückseite der Karten.

Einsatzmöglichkeiten:

Diese Methode eignet sich vor allem, um:
- bereits erarbeitete Unterrichtsinhalte zu wiederholen,
- Begriffe der vorangegangenen Unterrichtseinheit zu festigen,
- Wissenslücken aufzudecken,
- sich auf eine Klassenarbeit vorzubereiten.

Ablauf:

1. Phase: Information

Der Lehrer erklärt den Ablauf der Methode und verteilt die Zettel für die Begriffe an die Schüler. Jeder Schüler sollte zwei bis drei Karten erhalten.

2. Phase: Erarbeitung I

Die Schüler schreiben Begriffe aus der vorangegangenen Unterrichtseinheit auf die Karten. Anschließend werden die Karten eingesammelt. Es ist darauf zu achten, dass jeder Schüler zwei bis drei Karten mit Fachbegriffen beschriftet.

3. Phase: Erarbeitung II

Anschließend setzen sich die Schüler in Gruppen zusammen. Jede Gruppe erhält Begriffskarten, die zuvor von den Mitschülern erarbeitet wurden. Es sollte jedoch darauf geachtet werden, dass die Gruppe Karten erhält, die von anderen Schülern erarbeitet wurden.

Methoden zur Reflexion und Vertiefung

4. Phase: Reflexion

Abschließend hinterfragt der Lehrer, inwieweit noch einzelne Begriffe nicht erklärt werden konnten. Fachliche Defiziete werden erläutert.

Sozialformen:

1. Phase = Plenum
2. Phase = Einzelarbeit
3. Phase = Gruppenarbeit
4. Phase = Plenum

5.8   Innen- und Außenkreis (auch Wirbelgruppen)

Beschreibung

Die Schüler sitzen in einem großen Stuhlkreis (Außenkreis). In der Mitte wird ein kleiner Stuhlkreis gebildet (Innenkreis). Die Schüler im Innenkreis bilden eine Diskussionsrunde, die ein Thema erörtern, Ergebnisse debattieren oder eine Entscheidung treffen. Diese Methode unterscheidet sich von einer Podiumsdiskussion darin, dass die Mitglieder des Außenkreises sich in die Diskussion einbringen können.

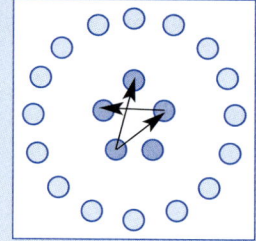

Einsatzmöglichkeiten:

Diese Methode eignet sich vor allem, um:

● Argumente auszutauschen und abzuwägen,

● zuzuhören, was gesagt wird,

● Entscheidungsprozesse aufzuzeigen,

● als Abschluss einer Projektarbeit.

Ablauf:

1. Phase: Konfrontation

Die Schüler werden mit einem Problem konfrontiert. Die Konfrontation erfolgt i.d.R. lehrerzentriert im Plenum.

2. Phase: Vorbereitung

In (arbeitsteiliger) Gruppenarbeit informieren sich die Schüler über den Sachverhalt. Wichtig bei dieser Methode ist, dass die Schüler das notwendige Wissen über den Sachverhalt vorher erarbeiten, um diesen anschließend im Innenkreis (kontrovers) zu diskutieren.

Hinweis:

Viele Argumente gehen nach der Diskussion u.U. verloren. Daher müssen diese durch einen oder mehrere Protokollanten schriftlich festgehalten werden. Hilfreich ist hier ein vorbereiteter Beobachtungsbogen. Problematisch ist, dass die Protokollanten von der Diskussion ausgeschlossen sind und sich somit nicht einbringen können.

3. Phase: Durchführung

Nachdem der Lehrer die Schüler in die Diskussion eingeführt hat, nehmen die Schüler im Innenkreis zu dem vorgegebenen Sachverhalt Stellung und diskutieren ihn untereinander. Um auch die Schüler im Außenkreis in die Diskussion einzubinden, sind drei Alternativen denkbar:

1. Alternative: Es wird ein weiterer Stuhl in den Innenkreis gestellt, der zunächst unbesetzt bleibt. Sobald ein Schüler aus dem Außenkreis Argumente in die Diskussionsrunde neu mit einbringen möchte, setzt er sich in den Innenkreis dazu und verlässt ihn wieder, sobald seine Argumente erörtert wurden.

2. Alternative: Sobald ein Schüler sich in die Diskussionsrunde mit einbringen möchte, klopft er einem Mitschüler aus dem Innenkreis auf die Schulter. Dieser muss den Innenkreis verlassen und geht in den Außenkreis.

3. Alternative: Nach einer festen Zeit wechseln alle Mitglieder des Innenkreises mit denen des – Außenkreises.

4. Phase: Reflexion

In dieser Phase werden der Verlauf und die eingebrachten Inhalte reflektiert. Grundlage bilden die Aufzeichnungen der Protokollanten.

Sozialformen:

1. Phase = Plenum
2. Phase = Gruppenarbeit
3. Phase = Plenum
4. Phase = Plenum

Unterrichtsbeispiel:

▌ AUSGANGSSITUATION:

In einem Unternehmen sollen neue Schweißroboter gekauft werden, die 50 % der bisher beschäftigten Schweißer ersetzen. In Arbeitsgruppen sollen die Argumente der jeweils betroffenen Personengruppen zusammengetragen werden. Anschließend werden die Argumente im Innen- und Außenkreis ausgetauscht.

Betroffene Personengruppen = Schülerarbeitsgruppen:

1. Schweißer (direkt Betroffene einer möglichen Entlassung)

2. Betriebsrat (vertritt die Arbeitnehmerinteressen des gesamten Betriebes)

3. Unternehmensleitung (möchte die Wettbewerbsfähigkeit gegenüber der Konkurrenz steigern)

4. Vertreter der Herstellerfirma für Schweißroboter (möchte möglichst viele Roboter verkaufen)

Methoden zur Reflexion und Vertiefung

5.9 Podiumsdiskussion

Eine Gruppe von Schülern mit verschiedenen inhaltlichen Positionen diskutieren kontrovers über ein Thema. Dabei ist es möglich, dass sie sich auch Fragen von Schülern aus dem Publikum stellen müssen.

Im Gegensatz zur Methode „Innen- und Außenkreis" ändern sich die Mitglieder der Diskussionsrunde nicht. Im Anschluss der Diskussionsrunde folgt eine Reflexion der Podiumsdiskussion.

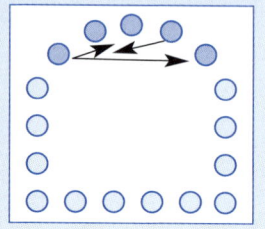

Einsatzmöglichkeiten:

Diese Methode eignet sich vor allem, um:
- Argumente zu einem Thema auszutauschen und abzuwägen,
- Positionen deutlich werden zu lassen,
- Entscheidungsprozesse aufzuzeigen,
- als Abschluss einer Projektarbeit.

Ablauf:

1. Phase: Konfrontation

Die Schüler werden mit einem Problem konfrontiert. Die Konfrontation erfolgt i. d. R. lehrerzentriert im Plenum.

2. Phase: Vorbereitung

In einer arbeitsteiligen Gruppenarbeit eignen sich die Schüler entsprechende Fachkenntnisse selbst an. Anschließend nimmt jeweils ein Schüler aus jeder Grupper als Experte an der Podiumsdiskussion teil. Die Anzahl der Experten richtet sich nach der Anzahl der Gruppen aus der arbeitsteiligen Gruppenarbeit.

3. Phase: Durchführung

Der Lehrer führt die „Experten" in ihre Rolle ein und stellt die Experten dem Publikum vor. Um einen Diskussionsprozess zwischen den Diskussionsteilnehmern in Gang zu setzen, sollte das Thema in zugespitzter, vielleicht sogar provozierender Weise formuliert werden.

Ein Moderator sollte durch die Diskussion leiten. In geübten Lerngruppen kann dieses auch von einem Schüler übernommen werden.

4. Phase: Reflexion

Viele Argumente gehen nach der Diskussion u. U. verloren. Daher müssen diese protokolliert werden. Bei der Podiumsdiskussion bietet sich eine arbeitsteilige Beobachtung an. Beispielsweise entsprechend der Sitzordnung beobachten Schülergruppen die jeweiligen Experten und notieren ihre Argumente. Grundlage der Reflexionsphase bildet dann ein (vorstrukturierter) Beobachtungsbogen.

Sozialformen:

1. Phase = Plenum
2. Phase = Gruppenarbeit
3. Phase = Plenum
4. Phase = Plenum

Unterrichtsbeispiel:

→ siehe Methode „Innen- und Außenkreis"

5.10 Rangfolge festlegen

Beschreibung

Die Lernenden werden durch diese einfache Methode motiviert, die Vor- und Nachteile von Lösungsalternativen abzuwägen, indem sie vorgegebene Alternativen in eine Rangfolge bringen müssen – von „am besten geeignet" bis „am geringsten geeignet".

Einsatzmöglichkeiten:

Diese Methode eignet sich vor allem, um:
● Vor- und Nachteile von Entscheidungsalternativen kennen zu lernen,
● Vor- und Nachteile von Entscheidungsalternativen zu hinterfragen.

Vorbereitung:

Alle Lösungsalternativen müssen vorher zusammengetragen werden. Diese können durch den Lehrer vorgegeben oder durch die Schüler, beispielsweise durch ein Brainstorming, gesammelt werden.

Ablauf:

1. Phase: Rangfolge festlegen

Alle denkbaren Lösungsvorschläge werden aufgelistet. Diese sollen in Gruppenarbeit in eine Rangfolge von „am besten geeignet" bis „ungeeignet" gebracht werden. Das Ergebnis wird auf einer Folie oder auf ein Plakat übertragen.

Alternativ können die Lösungsalternativen auf Folie kopiert und jede Aussage bereits vorher vom Lehrer einzeln ausgeschnitten werden. In arbeitsgleicher Gruppenarbeit werden die Folienschnipsel in eine Reihenfolge gebracht und auf eine Folie mit Klebestreifen geklebt. Anschließend präsentiert jede Gruppe ihr Ergebnis am OHP.

2. Phase: Präsentation und Reflexion

Die Ergebnisse werden dem Plenum präsentiert. Dadurch sind die Schüler gezwungen, sich ihre Argumente, die zur Entscheidungsfindung führten, bewusst zu machen. Der Lehrer hinterfragt die Schüleraussagen.

Sozialformen:

1. Phase = Gruppenarbeit
2. Phase = Plenum

Methoden zur Reflexion und Vertiefung

Unterrichtsbeispiel: Vor- und Nachteile des Leasings

FALLBEISPIEL:

Die Vita Drink GmbH plant den Kauf einer neuen Flaschenabfüllanlage. Die alte Anlage ist sehr reparaturanfällig und lange Ausfallzeiten verursachen hohe Ausfallkosten. Der Kaufpreis der neuen Anlage beträgt rund 260.000 EUR.

Mit dem Kauf der Abfüllanlage ist ein umfassendes Investitionsprojekt des Unternehmens abgeschlossen, das vor zwei Jahren durch den Bau einer neuen Produktionshalle eingeleitet wurde und viel Kapital gebunden hat. Zudem ist festzustellen, dass die Großabnehmer der Vita-Getränke immer später die Rechnungen bezahlen und sich damit die Liquiditätslage des Unternehmens zunehmend verschlechtert hat. Trotzdem ist die Ertragslage in den letzten Jahren leicht ansteigend gewesen.

Foto: Guido Adolphs, Remscheid

Neben der Finanzierung durch die Hausbank schlägt Herr Lessing als Alternative die Finanzierung durch Leasing vor. Herr Schuldner dagegen befürwortet die Finanzierung durch Aufnahme eines Kredites.

Arbeitsauftrag:

Bringen Sie die Argumente in eine Reihenfolge. Dabei erhält das weitreichendste und gravierendste Argument den obersten Platz. Sollten Sie bestimmte Argumente nicht zuordnen können, weil Ihnen nähere Informationen über das Unternehmen fehlen, dann treffen Sie Annahmen, die Sie in Ihrer Entscheidung berücksichtigen.

Vorteile des Leasings	Nachteile des Leasings
Leasing ist u. U. bilanzneutral, denn die Bilanzstruktur bleibt konstant.	Es gibt keine staatliche Investitionsförderung für geleaste Gegenstände.
Bei entsprechenden Verträgen steht dem Leasingnehmer laufende Betreuung und Beratung zu.	Die Leasinggegenstände sind nicht frei verfügbar, weil sie kein Eigentum sind. Es ist kein Verkauf des Gegenstandes möglich.
Klare Kalkulationsgrundlage durch eine konstante Leasingrate.	Es besteht eine hohe Dauerbelastung der Liquidität durch die regelmäßigen Leasingraten.

Unterrichtsbeispiel: Vor- und Nachteile des Leasings (Fortsetzung)

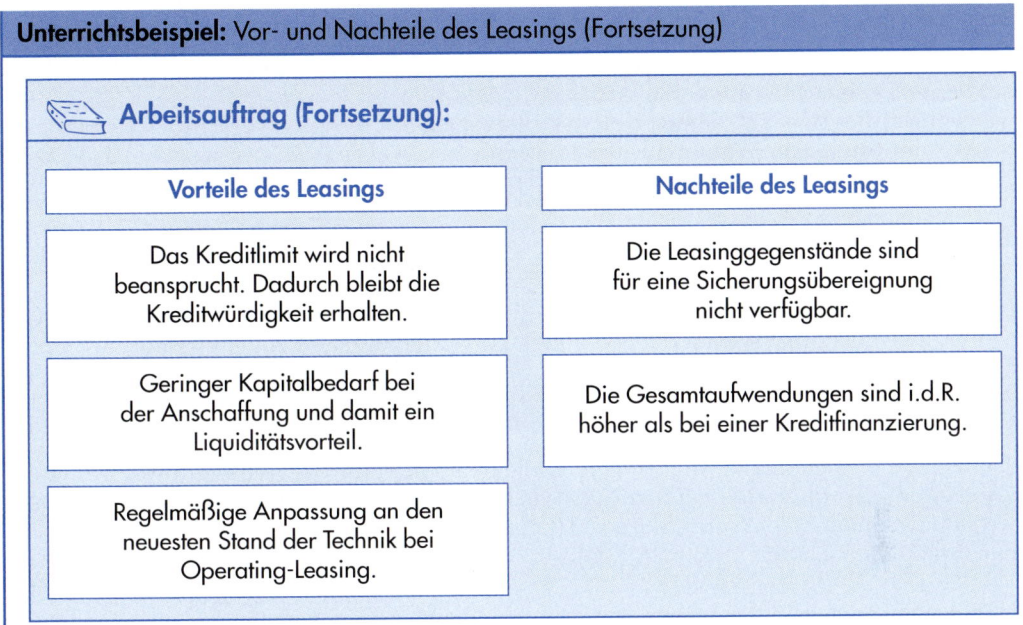

📖 **Arbeitsauftrag (Fortsetzung):**

Vorteile des Leasings	Nachteile des Leasings
Das Kreditlimit wird nicht beansprucht. Dadurch bleibt die Kreditwürdigkeit erhalten.	Die Leasinggegenstände sind für eine Sicherungsübereignung nicht verfügbar.
Geringer Kapitalbedarf bei der Anschaffung und damit ein Liquiditätsvorteil.	Die Gesamtaufwendungen sind i.d.R. höher als bei einer Kreditfinanzierung.
Regelmäßige Anpassung an den neuesten Stand der Technik bei Operating-Leasing.	

Methoden zur Reflexion und Vertiefung

5.11 Sortiermethode

Beschreibung

Diese Methode ist eine Kombination aus der Aufgabe, Begriffe auf Karten zu sortieren und der Methode, „wachsende Gruppe" – von der Einzelarbeit über Partnerarbeit hin zur Gruppenarbeit.

Die Schüler sollen zunächst in Einzelarbeit Karten mit Begriffen der vorangegangenen Unterrichtseinheit sortieren. Hierzu werden zwei Haufen gebildet – Karten mit bekannt bzw. unbekannten Begriffen. Die unbekannten Begriffe werden anschließend mit einem Mitschüler diskutiert. Bleiben noch weitere Begriffe offen, so werden diese in Gruppen erörtert.

Einsatzmöglichkeiten:

Diese Methode eignet sich vor allem, um:

● bereits erarbeitete Unterrichtsinhalte zu wiederholen,

● Begriffe der vorangegangenen Unterrichtseinheit zu festigen,

● Wissenslücken aufzudecken.

Vorbereitung:

Jeder Schüler erhält Karten mit Begriffen der vorangegangenen Unterrichtsstunde. Zur Arbeitserleichterung werden die Begriffe auf einem DIN A4 Blatt ausgedruckt und von jedem Schüler ausgeschnitten

Begriff 1	Begriff 2
Begriff 3	Begriff 4
Begriff 5	Begriff 6
Begriff 7	Begriff 8
Begriff 9	Begriff 10
Begriff 11	Begriff 12
Begriff 13	Begriff 14

Ablauf:

1. Phase: Information

Der Lehrer erklärt den Ablauf der Methode und verteilt die Zettel mit den Begriffen an die Schüler.

2. Phase: Erarbeitung I (Einzelarbeit)

Die Schüler schneiden die Begriffe aus. Die einzelnen Zettel mit den Begriffen werden in zwei Stapel sortiert. Karten mit Begriffen, die der Schüler mit ganzen Sätzen erklären kann, werden zu einem Stapel sortiert, Begriffe, die nicht in ganzen Sätzen erklärt werden können, kommen auf einen zweiten Stapel.

3. Phase: Erarbeitung II (Partnerarbeit)

Anschließend setzen sich jeweils zwei Schüler zusammen. Die Schüler erklären sich gegenseitig die Begriffe, die sie auf dem Stapel mit den Karten unbekannter Begriffe haben. Werden Begriffe erklärt und sind sie nun verstanden worden, kommen diese auf den Stapel der bekannten Begriffe. Begriffe, die beide nicht kennen, bleiben auf dem Stapel mit Karten unbekannter Begriffe.

4. Phase: Erarbeitung III (Gruppenarbeit)

Danach setzen sich jeweils vier Schüler zusammen, die zuvor in zwei Partnerarbeiten bereits zusammen gearbeitet haben. Nun werden die noch offenen Begriffe auf den Karten diskutiert.

5. Phase: Erarbeitung IV (Plenum)

Abschließend werden nur noch offene Begriff im Plenum erläutert. Ggf. stellt der Lehrer Fragen, die eine weitere Vertiefung der Inhalte ermöglicht.

Sozialformen:

1. Phase = Plenum
2. Phase = Einzelarbeit
3. Phase = Partnerarbeit
4. Phase = Gruppenarbeit
5. Phase = Plenum

Methoden zur Informationsbeschaffung und -verarbeitung

5.12 Strukturlegen

Beschreibung

Die Schüler erhalten Karten mit Begriffen. Diese Karten sollen sie so auf dem Tisch auslegen, dass die Begriffe, die für sie zusammengehören, zu Clustern zusammengelegt werden. Es entsteht ein individuelles Strukturbild aller Begriffe.

Wichtig ist hier, dass es keine Musterlösung gibt. Jeder Schüler hat seine eigene Verknüpfung der Begriffe.

Einsatzmöglichkeiten:

Diese Methode eignet sich vor allem, um:

- bereits erarbeitete Unterrichtsinhalte zu wiederholen,
- Zusammenhänge zu verstehen,
- sich auf eine Klassenarbeit vorzubereiten.

Vorbereitung:

Jeder Schüler erhält Karten mit Begriffen der vorangegangenen Unterrichtsstunde. Zur Arbeiterleichterung werden die Begriffe auf einem DIN A4 Blatt ausgedruckt und von jedem Schüler ausgeschnitten.

Begriff 1	Begriff 2
Begriff 3	Begriff 4
Begriff 5	Begriff 6
Begriff 7	Begriff 8
Begriff 9	Begriff 10
Begriff 11	Begriff 12
Begriff 13	Begriff 14

Ablauf:

1. Phase: Information

Der Lehrer erklärt den Ablauf der Methode und verteilt die Zettel mit den Begriffen an die Schüler.

2. Phase: Erarbeitung I (Einzelarbeit)

Die Schüler legen die Begriffe zusammen, die für sie zusammen gehören. Es entstehen unterschiedliche individuelle Strukturbilder. Jeder Schüler begründen für sich selbst, warum ein Begriff zu bereits gelegten Karten zugeordnet werden kann.

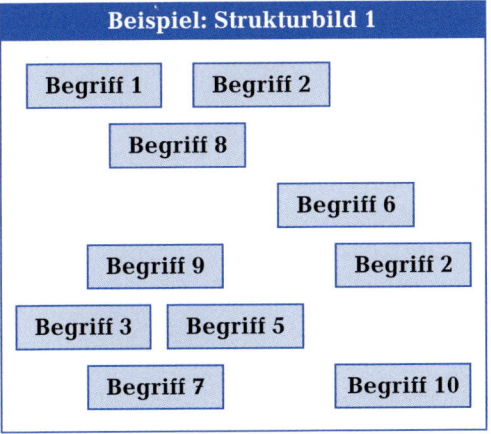

Beispiel: Strukturbild 1

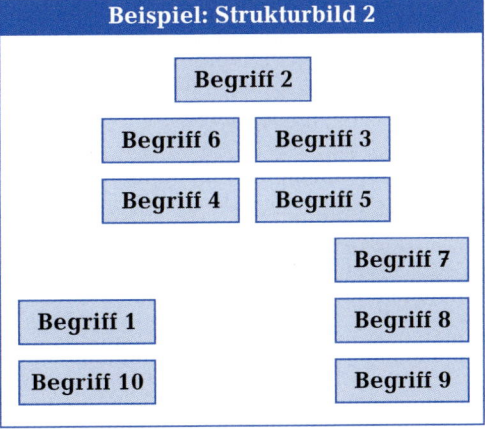

Beispiel: Strukturbild 2

Methoden zur Informationsbeschaffung und -verarbeitung

Methoden zur Reflexion und Vertiefung

5.13 Wirkungskette

Beschreibung

Vor allem in der Volkswirtschaft muss die Wirkung von wirtschaftspolitischen Maßnahmen verstanden und wiedergegeben werden. Dabei haben derartige Maßnahmen vielfältige Auswirkungen, die durch Wirkungsketten visualisiert werden.

In Gruppen sollen diese Wirkungen mithilfe von vorgefertigten Moderatorenkarten in eine sinnvolle Reihenfolge gebracht werden. Pfeile zeigen an, ob es zu einem Anstieg oder zu einem Sinken der Faktoren kommt. Anschließend werden die Wirkungsketten dem Plenum präsentiert.

Einsatzmöglichkeiten:

Diese Methode eignet sich vor allem, um:
- Auswirkungen von wirtschaftspolitischen Maßnahmen zu visualisieren,
- Prozesse / Abläufe zu verdeutlichen.

Vorbereitung:

Moderatorenkarten werden vorher beschriftet.
- Rechteckige Moderatorenkarten mit den einzelnen Elementen der Wirkungskette
- Runde Moderatorenkarten für Pfeile

Ablauf:

1. Phase: Konfrontation

Es wird eine Ausgangssituation formuliert und den Lernenden vorgestellt.

2. Phase: Erarbeitung

In Gruppen werden die rechteckigen Moderatorenkarten mit den Elementen in eine logische Reihenfolge gebracht. Die runden Karten mit den Pfeilen werden den Elementen zugeordnet und sollen verdeutlichen, ob ein Anstieg oder ein Absinken eintritt.

3. Phase: Präsentation

Die Schüler präsentieren ihre Ergebnisse vor der Klasse

Sozialformen:

1. Phase = Plenum
2. Phase = Gruppenarbeit
3. Phase = Plenum

Unterrichtsbeispiel: Geldpolitik der Europäischen Zentralbank

█ AUSGANGSSITUATION:

Die europäische Zentralbank erhöht die Zinsen für das Offenmarktgeschäft.

 Arbeitsauftrag:

a) Erstellen Sie eine Wirkungskette. Bringen Sie die Begriffe auf den rechteckigen Moderatoren-karten in eine sinnvolle Reihenfolge.

b) Veranschaulichen Sie mithilfe der Pfeile, ob es zu einem Anstieg oder einem Sinken der Elemente kommt.

Lösung: Gruppe 1

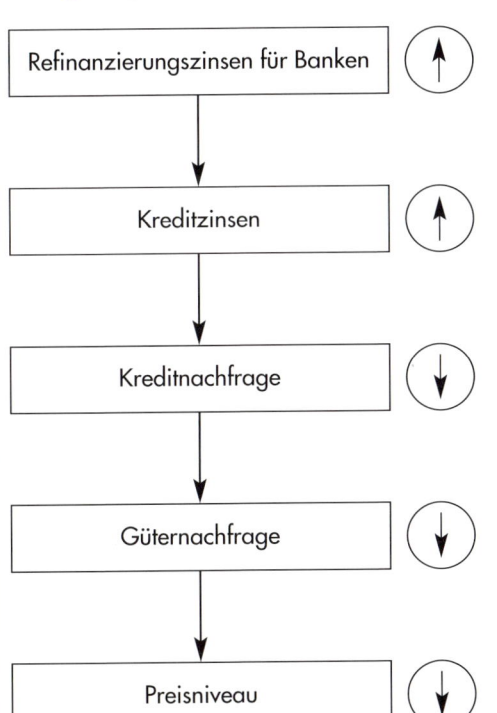

Lösung: Gruppe 2

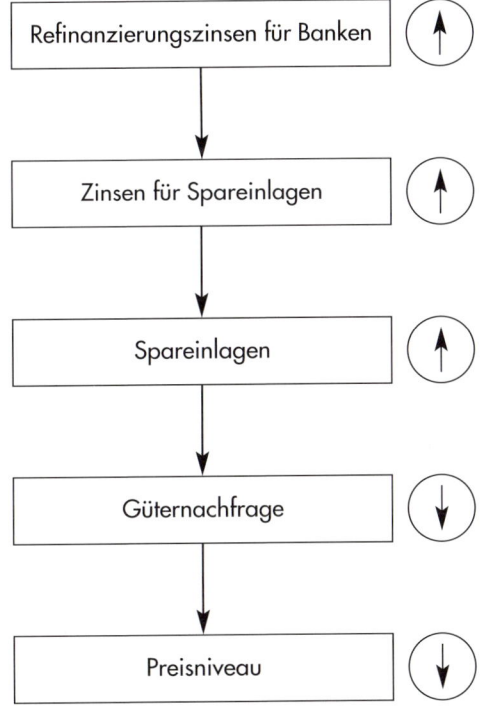

Methoden zur Reflexion und Vertiefung

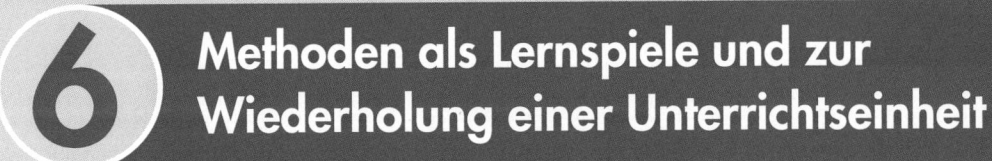

6 Methoden als Lernspiele und zur Wiederholung einer Unterrichtseinheit

Einführung

„Übung macht den Meister".
Dieses alte Sprichwort veranschaulicht, dass erst die Übung bzw. die Wiederholung zu einer Festigung des Erlernten führt. Die folgenden Methoden sind so konzipiert, dass überwiegend spielerisch die Kenntnisse vorangegangener Unterrichtsstunden überprüft und vertieft werden.

6.1   ABC-Methode

Beschreibung

Zunächst werden untereinander alle Buchstaben des Alphabetes an die Tafel geschrieben. Anschließend stellen sich alle Schüler vor die Tafel. Sobald einem Schüler ein Begriff zu dem vorgegebenen Thema einfällt, ergänzt er es bei dem entsprechenden Anfangsbuchstaben. Das Spiel ist beendet, wenn alle Anfangsbuchstaben ergänzt wurden.

Einsatzmöglichkeiten:

Diese Methode eignet sich vor allem, um:

- bisherige Unterrichtsinhalte zu wiederholen,
- am Ende eines Ausbildungsabschnittes oder einer Klassenfahrt das Geschehene zu reflektieren.

Vorbereitung:

Alle Buchstaben werden untereinander an die Tafel geschrieben.

Ablauf:

1. Phase: Erarbeitung

Alle Schüler der Klasse stehen im Halbkreis vor der Tafel. Fallen den Lernenden spontan Begriffe zu den bisher erarbeiteten Unterrichtsinhalten ein, so werden diese den jeweiligen Anfangsbuchstaben zugeordnet und angeschrieben. Das Spiel ist beendet, wenn allen Buchstaben Begriffe zugeordnet wurden (außer „X" und „Y").

2. Phase: Reflexionsphase

Die Schüler setzen sich wieder auf ihre Plätze. Nun werden die Begriffe reihum oder durch Meldung erläutert. Alternativ könnten die Lernenden den Begriff sofort an der Tafel erklären (oder einen Mitschüler bestimmen, der es erklärt). Jedoch ist an der Tafel, wo alle Schüler stehen, sehr viel Unruhe und die notwendige Aufmerksamkeit für die Erklärungen fehlt.

Sozialformen:

1. Phase = Plenum
2. Phase = Plenum

Unterrichtsbeispiel: Personalwesen

Akkordlohn	H	O	Vorstellungsgespräch
B	I	P	W
C	Jobrotation	Qualifiziertes Zeugnis	X
D	K	R	Y
Einkommensteuer	L	Stellenbeschreibung	Z
F	M	T	
G	N	U	

6.2   Buchstabenfeld

Beschreibung

Nach einer Unterrichtseinheit haben die Schüler i. d. R. eine Vielzahl von Begriffen kennen gelernt. Mithilfe dieses Spieles geht es darum, sich die Bedeutung dieser verschiedenen Begriffe bewusst zu machen. Hierfür müssen die Schüler aus einem Feld mit vielen Buchstaben Begriffe heraussuchen und diesen entsprechende Erklärungen zuordnen. Die Begriffe sind vertikal, horizontal und diagonal in dem Buchstabenfeld versteckt.

Einsatzmöglichkeiten:

Diese Methode eignet sich vor allem, um:

● Definitionen zu lernen,
● Fachbegriffe zu beschreiben,
● bisherige Unterrichtsinhalte zu wiederholen,
● Vokabeln zu lernen.

Ablauf:

1. Phase: Spielphase

In Partner- oder Gruppenarbeit wird das Lernspiel bearbeitet. Hilfreich sind Linien hinter der Begriffsbeschreibung, um das zugehörige Wort aus dem Buchstabenfeld zu notieren.

2. Phase: Reflexion

Die Lösung wird im Plenum verglichen. Als Hilfestellung sollte das Buchstabenfeld auf Folie kopiert werden. Es bietet sich an, dass die Schüler die gefundenen Begriffe reihum nennen. Dieses bietet den Vorteil, möglichst viele Schüler in das Unterrichtsgeschehen aktiv einzubinden. Wesentlich in dieser Phase ist es, dass die Begriffe nicht nur genannt, sondern deren Bedeutung diskutiert wird und somit Wissenslücken aufgedeckt werden.

Sozialformen:

1. Phase = Einzel-, Partner- oder Gruppenarbeit
2. Phase = Plenum

Methoden als Lernspiele und zur Wiederholung einer Unterrichtseinheit

Unterrichtsbeispiel: Absatz

 Arbeitsauftrag:

Suchen Sie in dem Buchstabenfeld Begriffe zum Thema „Absatz" und ordnen Sie diese den entsprechenden Beschreibungen zu. Die Begriffe sind vertikal, horizontal und diagonal in dem Buchstabenfeld versteckt.

1. Ziel des Marketings

2. Primärmaterialien als Grundlage der Marktforschung

3. Element des Marketing-Mix

4. Phase im Produktlebenszyklus

5. Mittel zur Veränderung der Produktpolitik

6. Ein Produkt wird aus dem Programm gestrichen

7. Form der Preisvergünstigung

8. Möglichkeit der Preisdifferenzierung

9. Beispiel für Werbeträger

10. Gezielte Maßnahmen des Herstellers, die am Verkaufsort ansetzen, um den Absatz zu unterstützen.

11. Absatzmittler

E	T	Z	D	V	J	Z	D	K	U	G	V	V	D	G	H	R
D	G	F	R	W	S	D	I	E	A	D	E	E	W	R	G	H
R	H	A	N	D	E	L	S	V	E	R	T	R	E	T	E	R
H	B	V	C	D	E	H	T	W	A	D	D	L	D	R	L	H
R	D	G	G	Ä	J	T	R	D	E	I	R	O	W	E	I	Q
E	A	Q	D	F	R	O	I	Z	M	F	N	S	V	D	M	C
I	M	B	N	V	C	F	B	X	Y	F	G	U	D	E	I	D
F	A	S	A	D	F	W	U	N	M	E	X	N	Y	S	N	F
E	S	A	U	T	W	Z	T	E	E	R	J	G	H	G	I	H
D	F	G	N	J	T	C	I	L	Ö	E	I	K	B	J	E	H
X	B	N	M	A	D	Q	O	R	T	N	T	K	E	F	R	D
H	B	V	C	D	E	C	N	T	A	Z	K	L	F	F	U	G
W	A	B	S	A	T	Z	S	T	E	I	G	E	R	U	N	G
L	K	I	T	F	G	L	P	I	W	E	V	B	A	M	G	C
S	D	E	W	E	T	I	O	B	H	R	Q	E	G	A	R	T
W	A	S	E	R	T	T	L	T	E	U	W	E	U	U	I	O
B	N	V	C	T	Z	E	I	T	U	N	G	A	N	Q	W	E
A	S	E	R	F	V	E	T	K	B	G	Q	W	G	R	F	V
Ä	E	Z	E	I	T	L	I	C	H	Ö	L	K	E	J	K	B
Q	A	S	D	V	B	R	K	M	N	B	F	G	N	H	J	K

Unterrichtsbeispiel: Absatz

Lösung:

1. Ziel des Marketings
   Absatzsteigerung

2. Primärmaterialien als Grundlage der Marktforschung
   Befragungen

3. Element des Marketing-Mix
   Distributionspolitik

4. Phase im Produktlebenszyklus
   Reife

5. Mittel zur Veränderung der Produkt-politik
   Differenzierung

6. Ein Produkt wird aus dem Programm gestrichen
   Eliminierung

7. Form der Preisvergünstigung
   Rabatt

8. Möglichkeit der Preisdifferenzierung
   zeitlich

9. Beispiel für Werbeträger
   Zeitung

10. Gezielte Maßnahmen des Herstellers, die am Verkaufsort ansetzen, um den Absatz zu unterstützen.
    Verlosung

11. Absatzmittler
    Handelsvertreter

E	T	Z	D	V	J	Z	D	K	U	G	V	V	D	G	H	R
D	G	F	R	W	S	D	I	E	A	D	E	E	W	R	G	H
R	H	A	N	D	E	L	S	V	E	R	T	R	E	T	E	R
H	B	V	C	D	E	H	T	W	A	D	D	L	D	R	L	H
R	D	G	G	Ä	J	T	R	D	E	I	R	O	W	E	I	Q
E	A	Q	D	F	R	O	I	Z	M	F	N	S	V	D	M	C
I	M	B	N	V	C	F	B	X	Y	F	G	U	D	E	I	D
F	A	S	A	D	F	W	U	N	M	E	X	N	Y	S	N	F
E	S	A	U	T	W	Z	T	E	E	R	J	G	H	G	I	H
D	F	G	N	J	T	C	I	L	Ö	E	I	K	B	J	E	H
X	B	N	M	A	D	Q	O	R	T	N	T	K	E	F	R	D
H	B	V	C	D	E	C	N	T	A	Z	K	L	F	F	U	G
W	A	B	S	A	T	Z	S	T	E	I	G	E	R	U	N	G
L	K	I	T	F	G	L	P	I	W	E	V	B	A	M	G	C
S	D	E	W	E	T	I	O	B	H	R	Q	E	G	A	R	T
W	A	S	E	R	T	T	L	T	E	U	W	E	U	U	I	O
B	N	V	C	T	Z	E	I	T	U	N	G	A	N	Q	W	E
A	S	E	R	F	V	E	T	K	B	G	Q	W	G	R	F	V
Ä	E	Z	E	I	T	L	I	C	H	Ö	L	K	E	J	K	B
Q	A	S	D	V	B	R	K	M	N	B	F	G	N	H	J	K

6.3   Domino

Beschreibung

Das Spiel ist an das bekannte Gesellschaftsspiel angelehnt. Jedoch werden nicht Dominosteine mit gleicher Punktzahl aneinander gelegt, sondern es werden hier Begriffe zugeordnet.

Einsatzmöglichkeiten:

Diese Methode eignet sich vor allem, um:

● bisherige Unterrichtsinhalte zu wiederholen.

Vorbereitung:

Die entsprechenden Begriffe für die Dominosteine formulieren und auf festem Papier drucken.

Ablauf:

1. Phase: Vorbereitung

Die Klasse wird in Gruppen aufgeteilt. Dabei sollte eine Gruppe nicht mehr als fünf Schüler umfassen. Im Plenum werden die Regeln vorgestellt. Lernwirksam ist es, wenn die Regeln am OHP visualisiert werden und sie während der gesamten Spielphase für alle sichtbar bleiben. Alternativ könnte jeder Schüler ein Arbeitsblatt erhalten, auf dem die Regeln zusammengefasst sind.

2. Phase: Durchführung

Das Spiel wird in den Gruppen entsprechend der Regeln gespielt.

Regeln:

1. Alle legen ihre Steine offen vor sich hin.
2. Ein Dominostein wird offen in die Mitte des Tisches gelegt.
3. Der älteste Schüler beginnt. Er wählt einen seiner Steine aus, der nach seiner Meinung an den bereits liegenden Stein inhaltlich passt. Diesen legt er rechts oder links an den bereits liegenden Stein an. (Steine dürfen auch über Kopf angelegt werden)

   Im Unterschied zum Gesellschaftsspiel Domino werden nicht zwei gleich hohe Punktwerte aneinander gelegt, sondern Begriffe zugeordnet, die einen fachlich korrekten, inhaltlichen Zusammenhang haben. Diesen muss der Schüler vor dem Anlegen begründen.

▌ BEISPIEL ZUM THEMA ABSATZ:

| Preis-differenzierung | selbstständiger Kaufmann | | Handelsvertreter | Sortimentstiefe |

Mögliche Argumentation des Schülers:
Ein Handelsvertreter ist ein selbstständiger Kaufmann, der als Absatzhelfer fungiert.

4. Anschließend geht es im Uhrzeigersinn weiter und sein Nachbar legt einen Stein – soweit einer seiner Steine geeignet ist.

5. Angelegt werden kann immer an zwei Stellen – am Anfang und am Ende der Kette.

6. Hat ein Schüler keinen Stein mehr vor sich liegen, wird die Runde zu Ende gespielt.

7. Die Schüler, die keine Steine mehr haben, haben gewonnen.

3. Phase: Reflexion

Problematisch bei diesem Spiel ist, inwieweit die Begriffserklärungen durch die Schüler untereinander während der Spielphase richtig sind. Der Lehrer kann zwar zu den einzelnen Gruppen gehen, wo er Unstimmigkeiten beobachtet. Jedoch ist es in der Praxis für den Lehrer schwer zu überprüfen, inwieweit die einzelnen Erklärungen in den verschiedenen Arbeitsgruppen fachlich korrekt sind. Eine Möglichkeit ist es, einzelne Begriffe im Anschluss an das Spiel nochmals durch die Schüler erläutern zu lassen. Diese losgelöste Überprüfung hat aber zur Folge, dass die gewonnene Motivation während der Spielphase verloren geht.

Sozialform:

1. Phase = Plenum
2. Phase = Gruppenarbeit
3. Phase = Plenum

Unterrichtsbeispiel: Dominosteine zum Thema „Zahlungsverkehr"	
Sperrabfrage	Einzugsermächtigungsverfahren
Lastschrift	Zahlung mithilfe des elektronischen Lastschriftverfahrens
Homebanking	Regelmäßige Zahlung in gleicher Höhe
Dauerauftrag	TAN-Nummer
Zahlungspflichtiger muss keinen Termin überwachen	Bankkarte
Barabhebung am Geldausgabeautomaten	Dauerauftrag
Zahlungspflichtigen erteilt Zahlungsempfänger Ermächtigung	Bezahlung einer Rechnung

Methoden als Lernspiele und zur Wiederholung einer Unterrichtseinheit

Unterrichtsbeispiel: Dominosteine zum Thema „Zahlungsverkehr" (Fortsetzung)

Homebanking	Einzugsermächtigung
Zahlungspflichtiger kann der Belastung nicht widersprechen	Computer
Homebanking	Abbuchungsauftrag
Bankkarte	Unterschrift
Zahlung mithilfe von electronic cash	Kontoauszug ausdrucken lassen
Verrechnungsscheck	Karte wird durch den Kartenleser gezogen
Kreditkarte	Scheck darf zur Einlösung nur einem Konto gutgeschrieben werden
Aufladen der Karte mit bis zu 200 EUR möglich	Scheck darf zur Einlösung auch bar ausgezahlt werden
Barscheck	Geldkarte
Bankkarte	Lastschrift
Einzugsermächtigung	Zahlung mithilfe des elektronischen Lastschriftverfahrens
Händler hat eine Zahlungsgarantie	Gebühren
Girokonto	Zahlung mithilfe von electronic cash

Unterrichtsbeispiel: Dominosteine zum Thema „Zahlungsverkehr" (Fortsetzung)

Beinhaltet zusätzlichen Versicherungsschutz, wenn mit dieser Karte bezahlt wird	Händler hat keine Zahlungsgarantie
Zahlung mithilfe des elektronischen Lastschriftverfahrens	Kreditkarte
Das Konto wird nur einmal monatlich belastet	Bargeldbeschaffung
Überweisung	Geldausgabeautomat
Kreditkarte	Kreditkarte
Dauerauftrag	Abbuchungsauftragsverfahren
Lastschrift	Forderung wird regelmäßig abgebucht
Zahlungspflichtiger kann der Belastung widersprechen	DSL- oder ISDN-Anschluss
Homebanking	Einzugsermächtigung
Rückgabe durch Bank kann mangels Deckung erfolgen	PIN-Nummer
Bankkarte	Scheck
Gutschrift erfolgt „Eingang vorbehalten"	Händler hat keine Zahlungsgarantie
Zahlung mithilfe des elektronischen Lastschriftverfahrens	Scheck

6.4   Kreuzworträtsel

Beschreibung

Zur Wiederholung einer Unterrichtseinheit oder immer, wenn es darum geht, dass Schüler umfangreiche Informationstexte zu einem Kapitel im Lehrbuch lesen sollen, bietet sich diese Methode an.

Einsatzmöglichkeiten:

Diese Methode eignet sich vor allem, um:
- Fachwissen zu erarbeiten,
- Fachwissen zu wiederholen.

Tipp:

Mithilfe des Softwareprogramms „Hot Potatoes" lassen sich neben anderen Lernspielen schnell Kreuzworträtsel erstellen. Unter der folgenden URL kann das Programm kostenlos heruntergeladen werden:

http://hotpot.uvic.ca/

Ablauf:

(Alternative 1) → siehe Unterrichtsbeispiel 1

1. Phase: Vorbereitung

Diese Alternative ist besonders geeignet, um Unterrichtsinhalte zu wiederholen. Ein zentraler Begriff wird vom Lehrer horizontal an die Tafel geschrieben (hier „Aktie"). Die Schüler übertragen diesen Begriff in die Mitte ihres Arbeitsblattes in großen Druckbuchstaben.

2. Phase: Erarbeitung I

Mithilfe ihrer Unterlagen sollen die Schüler ein Kreuzworträtsel erstellen. Hierfür müssen sie nun Begriffe suchen, die einen inhaltlichen Bezug zum zentralen Begriff haben und senkrecht in die Buchstaben des horizontalen Wortes passen (z. B. „Hauptversammlung, Börsenkurs, etc."). Dabei darf das senkrechte Wort nicht mit dem Buchstaben des horizontalen Wortes anfangen (Das wäre ja zu einfach!).

3. Phase: Ergebnissicherung I

Jeder Schüler hat nun ein anderes Kreuzworträtsel als seine Mitschüler entwickelt. Es wird nun ein neues gemeinsames Kreuzworträtsel an der Tafel erarbeitet, indem reihum jeweils ein Schüler einen Begriff nennt, der sich mit dem zentralen Wort kreuzt. Die Worte werden vom Lehrer jeweils notiert. Bis das Kreuzworträtsel an der Tafel vollständig ist.

4. Phase: Erarbeitung II

Nun sollen die Schüler Fragen formulieren, mit deren Hilfe man die senkrechten Begriffe finden und das Kreuzworträtsel lösen könnte. Die Schüler lernen so, die Begriffe zu beschreiben und zu hinterfragen.

5. Phase: Ergebnissicherung II

Die Ergebnisse der Schüler werden im Plenum verglichen, indem die Schüler ihre formulierten Fragen (reihum) vorlesen.

Methoden als Lernspiele und zur Wiederholung einer Unterrichtseinheit

Unterrichtsbeispiel 1:

```
H
A
U  B  K
P  O  A        S
T  E  U        T
V  R  F        I
E  S  A  D  M
R  E  U  I  M
S  N  F  V  R
A  K  T  I  E
M  U  R  D  C
M  R  A  E  H
L  S  G  N  T
U        D
N        E
G
```

Ablauf:

(Alternative 2) → siehe Unterrichtsbeispiel 2+3

1. Phase: Erarbeitung

Die Schüler lösen das Kreuzworträtsel mithilfe eines Lehrbuches und erarbeiten so neue Inhalte. Alternativ könnte das Kreuzworträtsel auch zur Wiederholung einer Unterrichtssequenz dienen.

2. Phase: Reflexion

Die Reflexionsphase darf sich nicht darauf beschränken, die Ergebnisse zu vergleichen. Vielmehr hat hier der Lehrer die Aufgabe, die Lösungen zu hinterfragen.

Sozialformen:

Alternative 1	Alternative 2
1. Phase = Plenum 2. Phase = Einzelarbeit 3. Phase = Plenum 4. Phase = Einzelarbeit 5. Phase = Plenum	1. Phase = Einzelarbeit 2. Phase = Plenum

Methoden als Lernspiele und zur Wiederholung einer Unterrichtseinheit

Unterrichtsbeispiel 2: Tarifrecht

1. Tarifpartner
2. Kampfmittel der Arbeitgeber
3. Verfahren, um die Gewerkschaftsmitglieder an der Entscheidung, ob ein Streik durchgeführt wird oder nicht, zu beteiligen.
4. Streik, der während der Friedenspflicht erfolgt und bei dem ein ordentlicher Streikbeschluss durch den Hauptvorstand der Gewerkschaft fehlt.
5. Tarifvertragsart
6. Kurzfristige Arbeitsniederlegung, um die Streikentschlossenheit der Gewerkschaftsmitglieder zu demonstrieren.
7. Während der Laufzeit eines Tarifvertrages darf weder gestreikt noch ausgesperrt werden. Es gilt die…
8. Um die Streikkosten zu senken, werden häufig nur kleinere Betriebe bestreikt, die aber eine wichtige Rolle in der gesamten Produktion spielen. Solche Streiks, die in bestimmten Regionen des Tarifbezirks durchgeführt werden, heißen…
9. Im Grundgesetz ist festgelegt, dass Tarifverträge ohne Einfluss des Staates zustande kommen. Hierbei handelt es sich um die so genannte…
10. Ein Streik, der häufig von Arbeitnehmern bestimmter Branchen durchgeführt wird, die nicht streiken dürfen. Sie machen Dienst nach Vorschrift. Mehrarbeit und Überstunden werden nicht gemacht.
11. Die Streikleitung stellt vor dem bestreikten Betrieb Personen auf, die Arbeitswillige von der Notwendigkeit des Arbeitskampfes überzeugen sollen. Solche Personen nennt man…
12. Tarifvertragsart

Das Lösungswort lautet: _____

Unterrichtsbeispiel 2: Tarifrecht (Fortsetzung)

Lösung:

1. G E W E R K S C H **A** F T E N
2. A U S S P E R R **R** U N G
3. U R A **B** S T I M M U N G
4. W I L D **E** R S T R E I K
5. E N T G E L T T A R I **I** F V E R T R A G
6. W A R N S **T** R E I K
7. F R I E D E N S **S** P F L I C H T
8. S C H W E R P U N **K** T S T R E I K
9. T A R I F **A** U T O N O M I E E
10. B U M **M** E L S T R E I K
11. S T R E I K **P** O S T E N
12. M A N T E L T A R I **F** V E R T R A G

Methoden als Lernspiele und zur Wiederholung einer Unterrichtseinheit

Unterrichtsbeispiel: Europäische Zentralbank

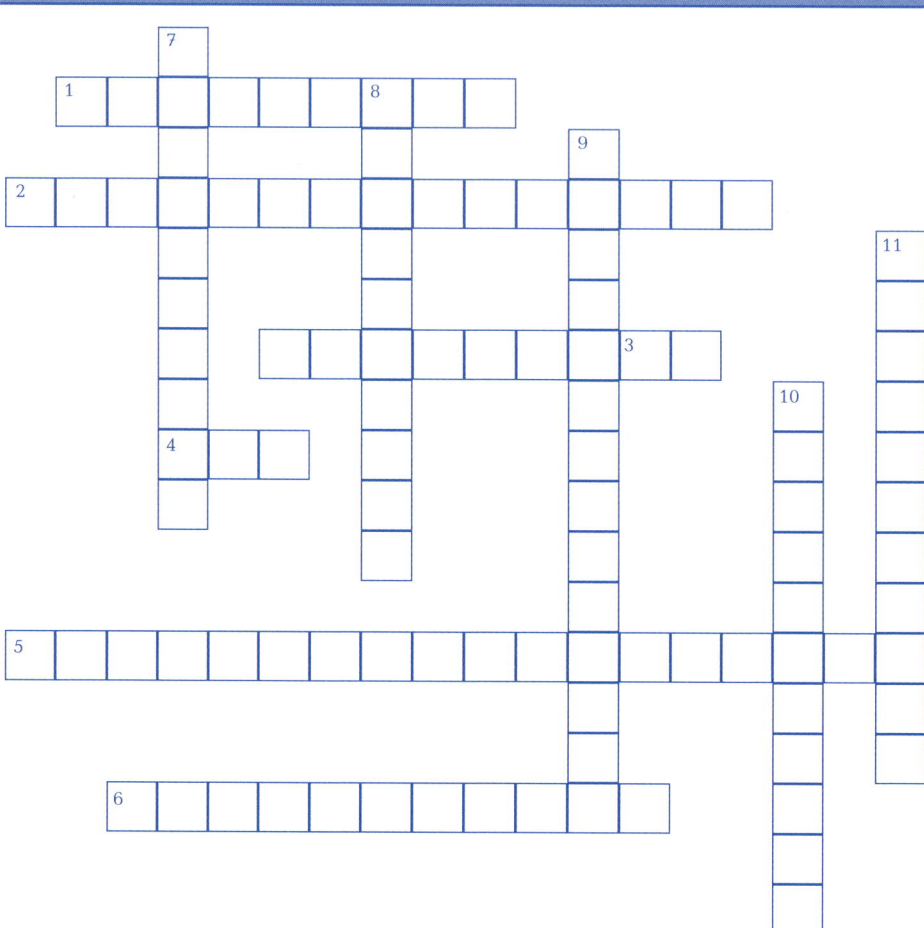

Waagerecht	**Senkrecht**
1. Sitz der Europäischen Zentralbank	7. Filialen der Europäischen Zentral-bank sind die _____ Notenbanken
2. Ziel der Europäischen Zentralbank	
3. Anderes Wort für „Chef" der Euro-päischen Zentralbank	8. Wie stehen die Europäische Zentral-bank und die verschiedenen Länder-regierungen zueinander? Sie ist _____
4. Abkürzung für „Europäische Zen-tralbank"	
5. Geldpolitisches Instrumentarium:	9. Geldpolitisches Instrumentarium
6. Geldpolitisches Instrumentarium: „ständige _____"	10. Bei der Vergabe von Krediten an die Banken erfolgt als Sicherheit beispielsweise eine _____ von Wertpapieren.
	11. Der Zenralbankrat ist verantwortlich für die _____

Unterrichtsbeispiel: Europäische Zentralbank (Fortsetzung)

Lösung:

1 FRANKFURT
2 PREISSTABILITÄT
3 PRÄSIDENT
4 EZB
5 OFFENMARKTGESCHÄFT
6 FAZILITÄTEN
7 NATIONALEN
8 UNABHÄNGIG
9 MINDESTRESERVE
10 VERPFÄNDUNG
11 GELDPOLITIK

6.5   Lehrer stoppen

Beschreibung

Dieses ist ein Spiel, bei dem die Schüler ihr bisher erlerntes Wissen vertiefen können. Das Spiel verläuft in zwei Phasen. Die erste Phase erfolgt in Einzelarbeit. Jeder Schüler zieht eine Karte, auf der Begriffe der bisher erarbeiteten Unterrichtsinhalte stehen. Nun hat jeder Schüler ca. 5 Minuten Zeit, sich darauf vorzubereiten, wie dieser Begriff zu erklären ist.

In der zweiten Phase beginnt der Lehrer den bisherigen Unterrichtsstoff kurz zu beschreiben. Fällt ein Begriff, der auf einer der Karten stand, muss der Schüler, den Lehrer in seinem Redefluss stoppen und weitererzählen. Ist der Schüler fertig, setzt der Lehrer seine Beschreibung fort, bis wieder ein Begriff von einer Karte fällt.

Einsatzmöglichkeiten:

Diese Methode eignet sich vor allem, um:
● bisherige Unterrichtsinhalte zu wiederholen.

Vorbereitung:

Moderatorenkarten werden von dem Lehrer vorbereitet. Auf diesen Karten stehen Begriffe, die in der zu wiederholenden Unterrichtssequenz behandelt wurden. Die Anzahl der Karten entspricht der Anzahl der Schüler in der Klasse.

Ablauf:

1. Phase: Vorbereitung

Jeder Schüler zieht verdeckt eine Karte mit einem Fachbegriff. Die Schüler haben nun rund fünf Minuten Zeit (je nach Lerngruppe), eine Erläuterung dieses Begriffes mithilfe ihrer Unterlagen vorzubereiten. (schriftlich oder mündlich)

2. Phase: Spielphase

Anschließend beginnt der Lehrer zu erzählen, was in dieser Unterrichtssequenz behandelt wurde. Sobald ein Begriff fällt, den ein Schüler als Karte gezogen hat, muss der Schüler weitererzählen. Ist der Schüler mit seinen Ausführungen am Ende, setzt der Lehrer wieder mit seinen Ausführungen fort, bis wieder ein Begriff fällt, auf den sich ein anderer Schüler vorbereitet hat. Sollte ein Schüler seinen Begriff nicht erkannt haben, behält er am Ende seine Karte über und hat damit verloren.

Die Übung setzt voraus, dass der Lehrer in seiner Unterrichtssequenz einen „roten Faden" hat.

Sozialformen:

1. Phase = Einzelarbeit
2. Phase = Plenum

Methoden als Lernspiele und zur Wiederholung einer Unterrichtseinheit

6.6   Magische Wand

Beschreibung

Dieses ist ein Spiel, bei dem die Schüler ihr bisher erlerntes Wissen wiederholen und vertiefen können. Das Spiel verläuft in drei Phasen. Im Anschluss an die Vorbereitung zum Spiel erarbeiten die Schüler auf fünf Karten jeweils fünf Fragen über das zu wiederholende Thema. Danach erhalten die Karten einen Punktwert zwischen 100 und 500 Punkten. Die Karten werden mit Kreppband an die Tafel geklebt.

In der Spielphase wählt die erste Gruppe eine Karte von der „Magischen Wand" aus. Die Frage wird von dem Lehrer vorgelesen. Kann die Gruppe die Frage beantworten, erhält sie die Punkte, die auf der Karte vermerkt sind. Anschließend ist die nächste Gruppe an der Reihe. Es hat die Gruppe gewonnen, die die meisten Punkte erreicht hat.

Einsatzmöglichkeiten:

Diese Methode eignet sich vor allem, um:

● bisherige Unterrichtsinhalte zu wiederholen.

Vorbereitung:

Farbige Moderatorenkarten, wobei die Anzahl der Farben sich nach der Anzahl der Gruppen richtet. Je Gruppe werden fünf Karten einer Farbe benötigt.

Ablauf:

1. Phase: Vorbereitung

Die Klasse wird in Gruppen aufgeteilt, wobei die Gruppenstärke nicht fünf Schüler übersteigen sollte. Mithilfe einer Folie oder eines Arbeitsblattes werden die Regeln der Magischen Wand präsentiert.

2. Phase: Erarbeitung

Die Erarbeitung erfolgt anhand der folgenden Regeln:

1. Jede Gruppe soll fünf Fragen aus dem bisher behandelten Unterricht formulieren. Dazu dürfen die Schüler ihre Unterlagen nutzen.

2. Die Fragen und die dazugehörige Antwort werden jeweils auf einer Kartenseite notiert.

3. Bei der Auswahl der Fragen ist darauf zu achten, dass:
   – möglichst verschiedene Bereiche aus den Unterrichtsinhalten angesprochen werden,
   – die Fragen einen unterschiedlichen Schwierigkeitsgrad aufweisen sollen.

4. Anschließend werden die fünf Karten nach ihrem Schwierigkeitsgrad geordnet. Die schwierigste Frage erhält 500 Punkte, die zweitschwierigste 400 Punkte usw. Die Punktzahl ist mit einem dicken Stift gut lesbar auf die Kartenrückseite zu schreiben.

5. Für die Gruppenarbeit stehen zur Bearbeitung rund 30 Minuten zur Verfügung (je nach Leistungsniveau der Lerngruppe).

6. Nach der Gruppenarbeit werden die Karten einer Gruppe untereinander an eine Pinnwand oder Tafel geheftet. Dabei soll die Karte mit 100 Punkten ganz oben hängen. Die Punktzahl ist dabei sichtbar, die Fragen / Antworten sind verdeckt.

Alternativ könnten die Karten durch den Lehrer erstellt werden und die Erarbeitungsphase entfällt.

3. Phase: Spielen

Der Lehrer ist während der Spielphase als Schiedsrichter tätig. Die Spielphase verläuft nach den folgenden Regeln:

1. Die Gruppe mit dem jüngsten Schüler beginnt und wählt eine Karte aus.
2. Die Frage wird vom Lehrer vorgelesen.
3. Die Gruppe muss die Frage beantworten. Dabei dürfen die Gruppenmitglieder sich untereinander beraten. Natürlich darf keine Karte ausgewählt werden, die in der eigenen Gruppe erarbeitet wurde.
4. Die Gruppe, die die Frage formuliert hat, muss entscheiden, ob die Beantwortung richtig ist.
5. Bei richtiger Antwort gibt es die vorgegebenen Punkte (100 bis 500 Punkte). Wird die Frage falsch beantwortet, erhält die Gruppe keine Punkte.
6. Ist die Gruppe, die die Frage formuliert hat, selbst nicht in der Lage die Frage zu beantworten, erhält diese die entsprechenden Minuspunkte.
7. Nun darf die folgende Gruppe (die im Uhrzeigersinn als folgende sitzt) eine Karte auswählen und diese beantworten.
8. Sind alle Karten beantwortet worden, gewinnt die Gruppe mit den meisten Punkten.

Hinweis 1:

Damit nicht immer der gleiche Schüler in einer Gruppe die Fragen beantwortet, sollte das nächste Mal der Nachbar, der im Uhrzeigersinn als nächster sitzt, die Antwort formulieren. Dadurch werden alle Schüler in der Gruppe gezwungen, eine Antwort zu formulieren. Damit deutlich wird, wer das nächste Mal an der Reihe ist, zeigt eine Karte mit einem Pfeil in der Mitte der Gruppe auf den Schüler, der als nächstes die Antwort formulieren muss.

Hinweis 2:

Gruppe 1	Gruppe 2	Gruppe 3
300	400	200
500		400
200		

Um den Wettkampfcharakter zu fördern, bietet es sich an, die beantworteten Karten je Gruppe an die Tafel zu heften, um den aktuellen Punktestand der Gruppen zu veranschaulichen.

Geplantes Tafelbild

4. Phase: Reflexion

Karten, deren Begriffe nicht geraten wurden, werden zur Seite gelegt und abschließend in einem fragend-entwickelnden Unterricht geklärt. Im Rahmen der Reflexion sollte nicht das Spiel im Vordergund stehen, sondern das Wiederholen der letzten Unterrichtseinheit.

Spielvariante:

Durch den Lehrer werden noch zusätzlich so genannte „Risikokarten" erstellt. Auch sie enthalten jeweils eine Frage, die jedoch der Lehrer vorher formuliert hat. Es können Punkte von den Schülern gesetzt werden (maximal die bisher erreichten Punkte). Wird die Frage richtig beantwortet, werden die Punkte hinzu addiert. Wird dagegen die Frage falsch beantwortet, werden die Punkte abgezogen.

Sozialformen:

1. Phase = Plenum
2. Phase = Gruppenarbeit
3. Phase = Plenum
4. Phase = Plenum

Methoden als Lernspiele und zur Wiederholung einer Unterrichtseinheit

6.7 Memory

Beschreibung

Das Spiel ist an das Kinderspiel „Memory" angelehnt. Jedoch werden hier nicht zwei gleiche Bilder unter den verdeckten Karten gesucht, sondern Begriffe / Erklärungen, die zueinander gehören.

Einsatzmöglichkeiten

Diese Methode eignet sich vor allem, um:

- bisherige Unterrichtsinhalte zu wiederholen.

Vorbereitung:

Die entsprechenden Begriffe für die Memorykarten formulieren und auf festem Papier ausdrucken.

Ablauf:

1. Phase: Vorbereitung

Die Klasse wird in Gruppen aufgeteilt. Dabei sollte eine Gruppe nicht mehr als fünf Schüler umfassen. Im Plenum werden die Regeln vorgestellt.

2. Phase: Spielen

Das Spiel wird in den Gruppen entsprechend der Regeln gelegt.

Regeln:

1. Alle Karten werden verdeckt auf den Tisch gelegt.
2. Der Schüler, der den längsten Weg zur Schule hat, darf beginnen und deckt zwei Karten auf. Gehören die beiden Karten inhaltlich zusammen, darf er die Karten behalten. Passen sie dagegen inhaltlich nicht, muss er die Karten wieder umdrehen.
3. Anschließend ist der linke Nachbar mit dem Aufdecken von zwei Karten an der Reihe, …
4. Das Spiel ist zu Ende, wenn alle Kartenpaare gefunden wurden.
5. Es hat der Schüler gewonnen, der die meisten Kartenpaare hat.

Unterrichtsbeispiel: Personalwesen

Qualifiziertes Zeugnis	Es enthält neben weiteren Angaben Aussagen über Leistung und Führung

Methoden als Lernspiele und zur Wiederholung einer Unterrichtseinheit

Alternativ können auf den Kartenpaaren kleine Fälle mit den entsprechenden Lösungen formuliert werden.

3. Phase: Reflexion

Begriffspaare, bei denen es Verständnisprobleme während der Spielphase gab, werden aufgegriffen und im Plenum hinterfragt.

Sozialformen:

1. Phase = Plenum
2. Phase = Gruppenarbeit
3. Phase = Plenum

6.8 Pferderennen

Beschreibung

Mithilfe dieser Methode können die Schüler ihr erlerntes Wissen wiederholen und vertiefen. Die Klasse wird in bis zu fünf Gruppen aufgeteilt. Jede Gruppe erhält 5 Moderatorenkarten. Dabei ist darauf zu achten, dass die Moderatorenkarten für jede Gruppe eine andere Farbe haben. Jede Gruppe notiert mithilfe ihrer Unterlagen auf jede Moderatorenkarte eine Frage und auf die Rückseite die entsprechende Antwort. Die Karten werden in der Mitte einmal gefaltet und in einen Eimer oder Tasche hineingelegt. Auf dem Overheadprojektor wird eine Folie aufgelegt, auf die eine Rennbahn mit Start- und Zielpunkt gezeichnet wurde (siehe Anlage). Die Pferde (siehe Anlage) werden auf eine Folie kopiert und erhalten mit einem farbigen Folienstift einen deutlichen Punkt entsprechend der Moderatorenkartenfarben. Hinweis: Darauf achten, dass der Folienstift wasserfest ist, damit die Farbe nicht verschmiert.

Nun beginnt das eigentliche Pferderennen. Die Gruppe mit dem ältesten Schüler beginnt, eine Karte aus dem Eimer zu ziehen. Die Frage wird vorgelesen (Fragen der eigenen Gruppe müssen wieder in den Eimer zurückgelegt werden). Beantwortet die Gruppe die Frage richtig, darf ihr Pferd ein Feld weiter ziehen. Bei falscher Antwort bleibt das Pferd stehen. Beantwortet auch die Gruppe, die die Frage formuliert hat, die Frage falsch, muss das Pferd dieser Gruppe ein Feld zurückziehen. Erreicht eine Gruppe den Zielpunkt, wird solange weitergespielt, bis die Spielrunde beendet ist, damit alle Gruppen die gleiche Chance erhalten, genauso viele Fragen zu beantworten. Es hat/haben die Gruppe/n gewonnen, die das Ziel zuerst erreicht haben.

Einsatzmöglichkeiten:

Diese Methode eignet sich vor allem, um:
- bisherige Unterrichtsinhalte zu wiederholen.

Vorbereitung:

- Die Rennbahn auf eine Folie übertragen/kopieren
- Die Pferde auf Folie kopieren und farbig ausmalen
- Einen Eimer/eine Tasche für die Fragen bereitstellen
- Farbige Moderatorenkarten bereitlegen, wobei die Anzahl der Farben sich nach der Anzahl der Gruppen richtet. Je Gruppe werden fünf Karten benötigt.

Ablauf:

1. Phase: Vorbereitung

Die Klasse wird in Gruppen aufgeteilt, wobei die Gruppenstärke nicht fünf Schüler übersteigen sollte. Mithilfe einer Folie oder eines Arbeitsblattes werden die Regeln des „Pferderennens" präsentiert.

2. Phase: Erarbeitung

Die Erarbeitung erfolgt anhand der folgenden Regeln:

1. Jede Gruppe soll fünf Fragen aus dem bisher behandelten Unterricht formulieren.
2. Die Fragen werden auf der einen Seite der Moderatorenkarten und die entsprechende Antwort auf der Rückseite notiert.
3. Für die Gruppenarbeit stehen rund 30 Minuten Bearbeitungszeit zur Verfügung (je nach Leistungsniveau).
4. Die Karten werden in einen Eimer oder in eine Tasche gelegt.
→ Alternativ könnten die Karten auch durch den Lehrer erstellt werden.

3. Phase: Spielen

Der Lehrer ist während der Spielphase als Schiedsrichter tätig. Die Spielphase verläuft nach den folgenden Regeln:

1. Die Gruppe mit dem ältesten Schüler beginnt, eine Karte aus dem Eimer / aus der Tasche zu ziehen (Karten der eigenen Gruppe werden zurück in die Tasche / den Eimer geworfen).
2. Der Lehrer liest die Frage vor.
3. Wird die Frage von der Gruppe richtig beantwortet, darf ihr Pferd ein Feld auf der Rennbahn weiterziehen. Wird die Frage falsch beantwortet, bleibt das Pferd stehen.
4. Beantwortet auch die Gruppe, die die Frage formuliert hat, die Frage falsch, muss das Pferd dieser Gruppe ein Feld zurückziehen.
5. Erreicht eine Gruppe den Zielpunkt, wird solange weitergespielt, bis die Spielrunde beendet ist. Es hat / haben die Gruppe/n gewonnen, die das Ziel zuerst erreicht haben.

4. Phase: Reflexion

Karten, deren Begriffe nicht geraten wurden, werden zur Seite gelegt und nach der Spielphase in einem fragend-entwickelnden Unterricht erläutert.

Hinweis:
Nicht das Spiel sollte im Vordergund stehen, sondern das Wiederholen der letzten Unterrichtseinheit.

Sozialformen:

1. Phase = Plenum
2. Phase = Gruppenarbeit
3. Phase = Plenum
4. Phase = Plenum

Spielvariante:

Als Spielvariante bietet es sich an, die Gruppe, die zuerst die richtige Antwort gibt, ein Feld weiter ziehen zu lassen. Es besteht aber die Gefahr, dass sehr viel Unruhe in der Klasse entsteht.

Kopiervorlage

START

ZIEL

6.9   Schiffe versenken

Beschreibung

Dieses Lernspiel ist an dem Kinderspiel „Schiffe versenken" angelehnt, bei dem versucht wird, „Schiffe" auf einem gegnerischen Spielfeld zu finden. Das Spiel wird jedoch soweit abgewandelt, dass die Schülerinnen und Schüler Begriffe der erarbeiteten Lerninhalte finden und erklären müssen.

(Idee: Frank Wachsmann, www.unterrichtskick.de)

Einsatzmöglichkeiten:

Diese Methode eignet sich vor allem, um:
- Fachvokabular zu festigen,
- Fachbegriffe zu beschreiben,
- bisherige Unterrichtsinhalte zu wiederholen.

Ablauf:

1. Phase: Informationsphase

Der Lehrer erklärt die Spielregeln. Die Lernden finden sich zu Spielpaaren zusammen. Jeder Schüler erhält ein Blatt mit zwei Spielfeldern und eine Liste mit Fachbegriffen, die in das Spielfeld übertragen werden.

2. Phase: Spielphase

Die beiden Schüler spielen gegeneinander. Alternativ kann die Klasse in Gruppen eingeteilt werden, wobei hier die Gruppen gegeneinander spielen.

3. Phase: Reflexion

Begriffe, die nicht erklärt werden konnten, werden im Plenum besprochen und reflektiert.

Sozialformen:

1. Phase = Plenum
2. Phase = Partnerarbeit oder Plenum
3. Phase = Plenum

Methoden als Lernspiele und zur Wiederholung einer Unterrichtseinheit

SPIELREGELN:

1. Jeder Schüler erhält eine Liste mit Worten, die er in das obere Spielfeld einträgt. Die Liste des Gegenspielers enthält andere Worte, damit diese für den Gegener unbekannt sind. Wichtig ist, dass die Anzahl der Worte und die Anzahl der Buchstaben für beide Spieler identisch sind.

2. Die Worte werden waagerecht oder senkrecht in das Spielfeld eingetragen. Zwischen den Worten muss mindestens ein leeres Kästchen sein. Die Spieler müssen darauf achten, dass der Gegenspieler die Worte nicht sieht.

3. Der jüngste der beiden Spieler beginnt und nennt das Kästchen, (z. B. C1) das er treffen möchte.

4. Der Gegner gibt an, ob an dieser Stelle ein Buchstabe liegt.

5. Ist ein Buchstabe getroffen worden, trägt der Spieler diesen in sein unteres leeres Spielfeld ein. Nach einem Treffer darf er erneut ein Kästchen nennen, um einen Buchstaben zu finden oder den getroffenen Begriff erraten.

6. Wird der Begriff richtig erraten, muss er vom angreifenden Spieler erklärt werden. Dazu darf 30 Sekunden nachgedacht. Die Punkte werden nach folgendem Schlüssel vergeben.
   - 10 Punkte: Der Begriff wird zuerst ohne und danach mit einem Beispiel erklärt.
   - 5 Punkte: Der Begriff wird ohne oder mit einem Beispiel erklärt.
   - 0 Punkte: Der Begriff wird nicht richtig erklärt.

6. Ungeklärte Begriffe werden gekennzeichnet und nach dem Spiel mit der Klasse besprochen.

7. Das Spiel ist zu Ende, wenn ein Spieler alle Begriffe im Spielfeld gefunden und erklärt hat.

Unterrichtsbeispiel: Rechtsgeschäfte

Begriffe für Spieler A	Begriffe für Spieler B
● Antrag (6)	● Besitz (6)
● Annahme (7)	● Anfrage (7)
● Eigentum (8)	● Textform (8)
● Minderung (9)	● Rücktritt (9)
● Anpreisung (10)	● Auflassung (10)
● Konkludent (10)	● Beschränkt (10)
● Mietvertrag (11)	● Leihvertrag (11)
● Mangelarten (11)	● Schriftform (11)
● Nacherfüllung (13)	● Montagemangel (13)
● Nachbesserung (13)	● Verzugszinsen (13)
● Zahlungsverzug (14)	● Geschäftsfähig (14)

Spielplan für „Schiffe versenken"

	1	2	3	4	5	6	7	8	9	10	11	12	13	14	15	16	17	18	19	20
A																				
B																				
C																				
D																				
E																				
F																				
G																				
H																				
I																				
J																				
K																				
L																				
M																				
N																				
O																				
P																				
Q																				
R																				
S																				
T																				

	1	2	3	4	5	6	7	8	9	10	11	12	13	14	15	16	17	18	19	20
A																				
B																				
C																				
D																				
E																				
F																				
G																				
H																				
I																				
J																				
K																				
L																				
M																				
N																				
O																				
P																				
Q																				
R																				
S																				
T																				

Methoden als Lernspiele und zur Wiederholung einer Unterrichtseinheit

6.10 Stadt-Land-Fluss

Beschreibung

Dieses Lernspiel ist an das Kinderspiel „Stadt-Land-Fluss" angelehnt, bei dem eine Stadt, ein Fluss und ein Land zu einem vorher festgelegten Anfangsbuchstaben schnell gefunden werden müssen. Wer diese Aufgabe als erster erfüllt hat, hat gewonnen. Dieses kleine Wettkampfspiel kann auf den Unterricht übertragen werden. Stattdessen werden hier Themengebiete der letzten Unterrichtsstunde festgelegt, aus denen Begriffe zu einem bestimmten Anfangsbuchstaben gefunden werden müssen.

Einsatzmöglichkeiten:

Diese Methode eignet sich vor allem, um:

- Definitionen zu lernen,
- Fachbegriffe zu beschreiben,
- bisherige Unterrichtsinhalte zu wiederholen,
- Vokabeln zu lernen.

Ablauf:

1. Phase: Information

Der Lehrer erklärt die Spielregeln und nennt die Themengebiete, zu denen Begriffe gesucht werden müssen. Bei der Festlegung der Themengebiete ist zu beachten, dass diese umfangreiche Fachbegriffe enthalten. Anschließend bereitet jeder Schüler einen Zettel mit folgender Tabelle vor.

Unterrichtsbeispiel:

	Zahlungsverkehr (Themengebiet 1)	Beschaffung (Themengebiet 2)	Zahlungsverzug (Themengebiet 3)

2. Phase: Spielen

Ein Schüler wird ausgewählt, das Alphabet leise aufzusagen. Ein zweiter Schüler sagt nach einer gewissen Zeit „stopp". Der erste Schüler sagt laut, bis zu welchem Buchstaben er gekommen ist. Nun notieren alle Schüler der Klasse einen Begriff aus den jeweiligen Themengebieten, die mit diesem Anfangsbuchstaben beginnen. Der erste Schüler, der fertig ist, ruft laut „fertig".

Unterrichtsbeispiel:

	Zahlungsverkehr (Themengebiet 1)	Beschaffung (Themengebiet 2)	Zahlungsverzug (Themengebiet 3)
S	Scheck	Schlechtlieferung	Schuldnerverzeichnis
A	Abbuchungsauftrag	Angebotsvergleich	Amtsgericht
E	Electronic Cash	Ersatzlieferung	Eidesstattliche Versicherung
...	...	...	...
...	...	...	...

3. Phase: Reflexion

Dieser Schüler nennt seine Begriffe zu den Themengebieten. Wichtig ist, dass die Bedeutung dieser Begriffe hinterfragt und dabei die gesamte Lerngruppe eingebunden wird.

Jeder Spieler erhält folgende Punkte:

15 Punkte	Nur ein Schüler hat einen Begriff für ein Themengebiet gefunden und sonst niemand in der Klasse.
10 Punkte	Zwar haben Mitschüler zu dem Themengebiet ebenfalls Worte gefunden, aber niemand sonst hat den Begriff.
5 Punkte	Mehrere Schüler haben den gleichen Begriff formuliert.

Anschließend beginnt das Spiel von Neuem. Diesmal darf der Schüler, der in der letzten Runde gewonnen hatte, leise das Alphabet aufsagen.

Spielvariante:

Damit auch lernschwachen Schülern ausreichend Zeit zum Nachdenken gegeben wird, wird eine feste Zeit (z. B. 45 Sekunden) zum Überlegen und Notieren der Begriffe vorgegeben.

Sozialformen:

1. Phase = Plenum
2. Phase = Gruppenarbeit oder Plenum
3. Phase = Plenum

6.11 Tabu

Beschreibung

Dieses Spiel ist an das bekannte Gesellschaftsspiel angelehnt, bei dem ein Begriff beschrieben wird und von den Mitspielern der eigenen Gruppe erraten werden muss. Dabei dürfen fest vorgegebene Worte nicht genannt werden.

Einsatzmöglichkeiten

Diese Methode eignet sich vor allem, um:

● bisherige Unterrichtsinhalte zu wiederholen.

Methoden als Lernspiele und zur Wiederholung einer Unterrichtseinheit

Vorbereitung:

● Moderatorenkarten zur Beschriftung der Tabukarten
● Requisiten: – Sanduhr
              – Hupe oder Klingel

Ablauf:

1. Phase: Vorbereitung

Die Klasse wird in Gruppen aufgeteilt. Bei der Aufteilung der Gruppen sollte darauf geach-tet werden, dass eine gerade Anzahl von Gruppen gebildet wird und eine Gruppe nicht mehr als fünf Schüler umfasst. Mithilfe einer Folie oder eines Arbeitsblattes werden die Regeln des „Tabu-Spiels" präsentiert.

2. Phase: Erarbeitung

Die Erarbeitungsphase in den Gruppen erfolgt anhand der folgenden Regeln:

1. Jede Gruppe erhält farbige Moderatorenkarten. Die eine Hälfte aller Gruppen erhält rote Moderatorenkarten, die andere Hälfte erhält grüne Moderatorenkarten.
2. Jede Gruppe sucht möglichst viele Begriffe aus den behandelten Unterrichtsinhalten heraus, die später von den Mitspielern der anderen Gruppen geraten werden müssen.
3. Jeweils ein Begriff wird auf eine Moderatorenkarte notiert.
4. Zu den Suchbegriffen werden vier weitere Begriffe formuliert, mit denen der Suchbe-griff erklärt werden könnte (Tabu-Begriffe).
5. Anschließend werden alle Karten eingesammelt.

→ Alternativ könnten die Karten durch den Lehrer erstellt werden.

Unterrichtsbeispiel:

Beschränkte Geschäftsfähigkeit	Geldkarte	Job Rotation	Arbeitskampf
Vollendung 7. Lebensjahr	aufladen	Arbeitsteilung	Streik
Vollendung 18. Lebensjahr	Girokonto	tauschen	Aussperrung
Zustimmung der Eltern	bargeldlos	Arbeitsplätze	Tarif
schwebend unwirksam	PIN-Nummer	regelmäßig	Urabstimmung

3. Phase: Spielen

Der Lehrer ist während der Spielphase als Schiedsrichter tätig. Die Spielphase verläuft nach den folgenden Regeln:

1. Die Klasse wird in zwei Gruppen geteilt. Dabei bilden alle Schüler mit den roten Mode-ratorenkarten eine Gruppe. Die zweite Gruppe bilden die Schüler, die die grünen Moderatorenkarten beschriftet haben.

2. Jede Gruppe wählt einen Beschreiber aus, während die übrigen Gruppenmitglieder die Begriffe erraten sollen.

3. Das Rateteam mit dem ältesten Schüler der Klasse darf beginnen.

4. Der Beschreiber kommt nach vorne und erhält die erste Karte (selbstverständlich eine Karte, die die gegnerische Gruppe formuliert hat). Dabei dürfen seine Gruppenmitglieder den Inhalt der Karte nicht sehen.

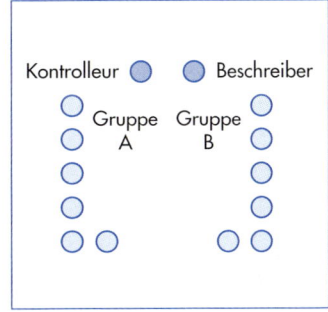

5. Ein Mitglied aus der gegnerischen Gruppe stellt sich neben den Beschreiber. Er soll kontrollieren, dass die „Tabu-Begriffe" nicht genannt werden. Werden die Begriffe versehentlich doch vom Beschreiber genannt, stoppt er ihn durch eine Hupe/Klingel und das gegnerische Team erhält einen Punkt. Er muss dann den nächsten Begriff erklären. Während dieser Phase darf jedes Gruppenmitglied mögliche Lösungen, die ihm in den Sinn kommen, ins Klassenzimmer rufen.

6. Für jeden gefundenen Begriff erhält die Gruppe einen Punkt, der an der Tafel durch einen Strich vermerkt wird.

7. Ist ein Teil eines Tabu-Begriffes von der Gruppe genannt worden, darf der Beschreiber ihn benutzen.

8. Wird ein Begriff durch das Rateteam nicht gefunden, so kann der Beschreiber „weiter" sagen. Er erhält eine neue Karte. Die gegnerische Gruppe bekommt einen Punkt.

9. Der Beschreiber darf solange Begriffe erklären, bis die Sanduhr abgelaufen ist (Die Ratezeit sollte ca. 5 Minuten sein). Anschließend setzt sich der Beschreiber wieder an seinen Platz.

10. Nun ist die gegnerische Gruppe an der Reihe. Der „Kontrolleur" wird nun zum Beschreiber. Ein „Kontrolleur" aus der anderen Gruppe kommt nach vorne.

Es gewinnt die Gruppe mit den meisten Punkten.

4. Phase: Reflexion

Karten, deren Begriffe nicht geraten wurden, werden zur Seite gelegt und abschließend in einem fragend-entwickelnden Unterricht geklärt.

Hinweis:
Nicht das Spiel sollte im Vordergund stehen, sondern das Wiederholen der letzten Unterrichtseinheit.

Sozialformen:

1. Phase = Plenum
2. Phase = Gruppenarbeit
3. Phase = Plenum
4. Phase = Plenum

Methoden als Lernspiele und zur Wiederholung einer Unterrichtseinheit

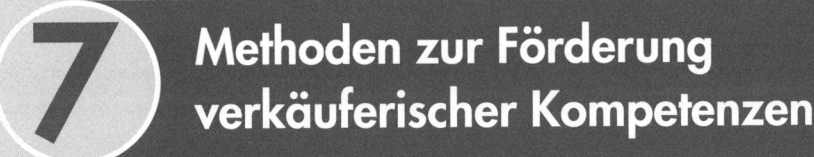

7 Methoden zur Förderung verkäuferischer Kompetenzen

Einführung

In vielen kaufmännischen Berufen steht der Verkauf von Produkten im Vordergrund. Grundsätzlich verläuft ein derartiges Verkaufsgespräch nach folgendem Schema:

1. Es wird ein positiver Kontakt zum Kunden aufgebaut.
2. Der Kundenwunsch wird erfragt und analysiert.
3. Dem Kunden wird ein Angebot unterbreitet.
4. Es wird überprüft, ob der Kundenwunsch mit dem Angebot übereinstimmt.
5. Der Verkauf wird abgeschlossen.
6. Das Gespräch wird positiv beendet.

Mithilfe der folgenden Methoden sollen einzelne Aspekte dieses Schemas verdeutlicht und geübt werden.

7.1   Aktives Zuhören

Beschreibung

Diese Übung verdeutlicht, wie wichtig es ist, seinem Gesprächspartner zu signalisieren, dass man ihm zuhört. Gerade bei einem Verkaufsgespräch sollte der Kunde das Gefühl haben, dass der Verkäufer ihm zuhört und ihn somit ernst nimmt.

Hierzu sitzen sich zwei Schüler gegenüber. Ein Schüler erzählt eine Geschichte. Anfänglich hält der Zuhörer Blickkontakt und nickt ihm zu. Nach kurzer Zeit schaut der Zuhörer weg und fängt an, beispielsweise mit einem Stift zu spielen.

Einsatzmöglichkeiten:

Diese Methode eignet sich vor allem, um:

- bewusst zu machen, woran zu erkennen ist, ob jemand zuhört.

Ablauf:

1. Phase: Vorbereitung

Es werden zwei Schüler ausgewählt, die sich auf Stühlen gegenübersitzen. Ein Schüler beginnt eine Geschichte zu erzählen. Beispiele:

- Wiederholung von Inhalten aus der letzten Unterrichtsstunde
- Ein Erlebnis der Klassenfahrt
- Bericht über seinen Urlaub
- etc.

Der zweite Schüler wird vor dem Spiel darüber informiert, wie er sich zu verhalten hat. Diese Informationen sollte der erzählende Schüler nicht mitbekommen. Hierzu kann er sich das folgende Informationsblatt durchlesen:

> Hören Sie Ihrem Mitschüler zunächst sehr aufmerksam zu. Zeigen Sie ihm diese Aufmerksamkeit, in dem Sie ihn **anschauen**, ihm **zunicken** und eventuell sogar **nachfragen**.
>
> Nach kurzer Zeit nicken Sie ihm nicht mehr zu.
>
> Nach einem weiteren Moment schauen Sie Ihren Mitschüler nicht mehr an und sehen sich im Klassenzimmer um.

2. Phase: Reflexion

In einem fragend-entwickelnden Unterricht soll erarbeitet werden, warum der erzählende Schüler nicht mehr das Gefühl hatte, dass sein Mitschüler ihm zuhört. Daraus soll abgeleitet werden, welche Bedeutung das Zuhören für den Kunden im Rahmen eines Verkaufsgesprächs hat.

Sozialformen:

1. Phase = Plenum
2. Phase = Plenum

7.2 Prominentenraten

Beschreibung

Häufig haben Schüler Probleme, offene Fragen zu formulieren. Im Rahmen eines Verkaufsgesprächs muss der Kundenwunsch durch eine offene Fragestellung analysiert werden, um vom Kunden viele Informationen zu erhalten. Zugleich ist eine gute Formulierung von Fragen eine wichtige Voraussetzung bei Lernspielen, wie beispielsweise „Magische Wand" oder „Pferderennen". Aber auch bei einer „Expertenbefragung" oder einem „Interviewstreifzug" ist dieses von Bedeutung.

Im Rahmen dieser Methode sollen die Schüler Prominente erraten. Um nähere Informationen über die Prominenten zu erhalten, dürfen sie nur geschlossene Fragen stellen. Sie erhalten also nur ein „ja" oder ein „nein" als Antwort und erreichen ihr Ziel, den Prominenten zu erraten, nur sehr langsam.

Einsatzmöglichkeiten:

Diese Methode eignet sich vor allem, um:

- geschlossene und offene Fragen voneinander zu unterscheiden,
- Gruppendynamik zu erzielen.

Ablauf:

1. Phase: Vorbereitung

Es ist empfehlenswert bei der Vorbereitung folgendermaßen kleinschrittig vorzugehen:

1. Die Schüler erhalten alle eine Moderatorenkarte, auf die sie den Namen eines Prominenten schreiben (z. B. Schauspieler, Sportler, Politiker, Sänger etc.). Wichtig ist dabei, dass der Nachbar den Namen nicht sieht.
2. Jeder Schüler erhält einen Klebestreifen.
3. Alle Schüler stellen sich in der Mitte des Klassenraumes in einen Kreis und schauen zunächst zur Mitte.
4. Alle Schüler drehen sich nach rechts, bis sie den Rücken ihres rechten Nachbarn sehen.
5. Auf den Rücken des rechten Nachbarn kleben sie mit einem Klebestreifen die Moderatorenkarte so, dass der Name des Prominenten zu lesen ist.

2. Phase: Spielen

1. Jeder Schüler sucht sich einen Partner.
2. Zunächst darf der eine Partner erfragen, wer er ist. Dabei dürfen nur geschlossene Fragen gestellt werden (Fragen, die nur mit „ja" oder „nein" zu beantworten sind). Stellt er eine Frage, die mit „nein" beantwortet wird, wechseln die Partner und der Mitschüler darf seine Fragen stellen.
3. Haben beide ein „nein" als Antwort bekommen, suchen sich beide einen neuen Partner.
4. Das Spiel ist beendet, wenn (fast) alle Schüler herausgefunden haben, welchen Prominentennamen sie auf der Karte auf ihrem Rücken stehen haben.

3. Phase: Reflexion

In einem fragend-entwickelnden Unterricht soll erarbeitet werden, warum geschlossene Fragen nur langsam zum Ziel führen.

Sozialformen:

1. Phase = Plenum
2. Phase = Partnerarbeit/Plenum
3. Phase = Plenum

7.3   Standbilder

Beschreibung

Wie wirkt beispielsweise Körpersprache auf einen Kunden? Die Aussage von Körpersprache lässt sich gut mithilfe von Standbildern analysieren. Dabei lässt ein Schüler als Regisseur Mitschüler ein Standbild darstellen. Die Aussage dieses Standbildes wird anschließend hinterfragt.

Einsatzmöglichkeiten:

Diese Methode eignet sich vor allem, um:
● die Aussage von Körpersprache zu hinterfragen.

Vorbereitung:

Rollenkarten mit der Formulierung der Standbildthemen

Ablauf:

1. Phase: Aktion

In der Aktionsphase wird zunächst ein Schüler ausgewählt. Er ist Regisseur und soll ein Standbild bauen. Er erhält (möglichst) eine Rollenkarte, die eine Situation beschreibt (z. B. Verkäufer mit einem verärgerten Kunden). Zunächst wählt der Regisseur eine entsprechende Anzahl von Mitschülern aus, die das Standbild darstellen sollen. Ohne zu sprechen, zeigt der Regisseur, welche Körperstellung und -haltung die Akteure einnehmen sollen. Blickrichtung, Mimik und Gestik macht der Regisseur vor und muss dann von den Akteuren nachgeahmt werden. Requisiten, die die Aussage unterstreichen, werden ggf. mit einbezogen. Die Akteure verharren nun etwa eine Minute in diesem Standbild. Danach dürfen sie sich wieder zu ihren Mitschülern setzen.

2. Phase: Reflexion

In der anschließenden Reflexionsphase wird die Aussage des Standbildes von den Mitschülern/Beobachtern reflektiert. Abschließend wird der Regisseur befragt, welche Aussage er mit dem Standbild verfolgt hatte.

Sozialformen:

1. Phase = Plenum
2. Phase = Plenum

7.4 Stille Post

Beschreibung

Das Kinderspiel, bei dem eine kurze Geschichte weitergesagt wird, macht bewusst, wie schwer es ist, richtig zuzuhören. Dieses wird deutlich, wenn am Ende des Spiels nur noch Satzfragmente ankommen.

Gerade in einem Verkaufsgespräch ist es wichtig, den Kundenwunsch zu erfragen und diesen richtig aufzunehmen, um dem Kunden anschließend ein passendes Angebot zu unterbreiten.

Einsatzmöglichkeiten:

Diese Methode eignet sich vor allem, um:

● bewusst zu machen, wie schwer es ist, richtig zuzuhören.

Ablauf:

1. Phase: Spielen

Für das Spiel werden sechs Mitspieler benötigt. Von ihnen bleibt ein Schüler im Raum, dem eine kurze Geschichte vorgelesen wird (siehe Unterrichtsbeispiel unten). Nun kommt der erste Schüler von draußen ins Zimmer. Der Schüler, der gerade die Geschichte gehört hat, erzählt diesem die soeben gehörte Geschichte. Anschließend kommt der nächste Schüler in die Klasse und ihm wird die Geschichte erzählt, usw.

2. Phase: Reflexion

In einem fragend-entwickelnden Unterricht soll erarbeitet werden, was dieses Kinderspiel mit einem Verkaufsgespräch zu tun hat.

Sozialformen:

1. Phase = Plenum
2. Phase = Plenum

Unterrichtsbeispiel:

Eine platinblonde gutaussehende Frau mit einer roten Sportjacke geht langsam und gemütlich mit ihrem quietschenden Einkaufswagen durch den Supermarkt und sucht Rasierwasser, das heute im Sonderangebot ist. Zur gleichen Zeit eilt mit schnellen Schritten ein alter gebrechlicher Mann mit einem grauen Mantel in gebückter Haltung durch den Supermarkt. Er sucht Babywindeln, die ebenfalls heute im Sonderangebot sind. An einem Suppenregal treffen sich die beiden und stoßen mit ihren Einkaufswagen zusammen. Dabei fällt der Einkaufswagen des alten Mannes um, die Frau geht weiter, ohne ihn zu beachten.

Methoden zur Förderung verkäuferischer Kompetenzen

7.5   Testkäufe

Beschreibung

In kaufmännischen Berufen, in denen die Mitarbeiter viel mit Kunden zu tun haben, wie beispielsweise Einzelhandelskaufleute, Automobilkaufleute oder Bankkaufleute ist zu beobachten, dass die Mitarbeiter ihren Arbeitsplatz lange nicht mehr aus Sicht des Kunden gesehen haben. Um ihnen wieder die Wünsche und Bedürfnisse hinsichtlich der Qualität von Beratungs- und Verkaufsgesprächen näher zu bringen, sollten Testkäufe durchgeführt werden.

Die Schüler besuchen daher Geschäfte von Mitbewerbern oder Filialen des eigenen Ausbildungsbetriebes, in denen sie nicht bekannt sind, um Testkäufe durchzuführen. Dabei geben sie vor, ein Produkt kaufen zu wollen und beobachten währenddessen das Beratungsverhalten des Verkäufers und analysieren dieses im Anschluss.

Erfahrungsgemäß kommt es nie zur Abschlussfrage und damit zu keiner Unterschrift. Viele Verkäufer haben letztendlich Angst, den Kunden zu fragen, ob er das Produkt kaufen möchte. Die Schüler sollten nur erwähnen, dass sie einen Testkauf durchführen, wenn es nicht anders geht.

Einsatzmöglichkeiten:

Diese Methode eignet sich vor allem, um:
● Verhalten während eines Beratungsgesprächs zu beobachten,
● Handlungsabläufe in der Praxis zu erleben.

Ablauf:

1. Phase: Festlegung der Beobachtungskriterien für die Testkäufe

Die Schüler schreiben auf Moderatorenkarten Aspekte, die sie während des Testkaufes beobachten wollen. Anschließend werden die Karten unsortiert an die rechte oder linke Tafelseite gehängt. Die Karten werden zusammengefasst und mithilfe einer Punktabfrage werden acht Beobachtungskriterien ausgewählt, die die Schüler während des Testkaufs gezielt beobachten wollen.

2. Phase: Vorbereitung des Testkaufes

Eine Testkaufgruppe sollte aus maximal vier Schülern bestehen, sodass mit jeweils zwei Schülern zwei Testkäufe je Gruppe durchgeführt werden können. Diese Arbeitsgruppe muss sich zunächst anhand der folgenden Fragestellungen auf die Rahmenbedingungen des Testkaufes einigen:
– Welches Unternehmen soll besucht werden?
– Was soll gekauft werden bzw. wofür wird eine Beratung benötigt?
– Wie hoch ist der finanzielle Spielraum?

Anschließend muss im Plenum abgestimmt werden, welche Unternehmen besucht werden, damit nicht alle Gruppen beim gleichen Unternehmen ihre Testkäufe durchführen.

3. Phase: Durchführung des Testkaufes

Ein Schüler wird i. d. R. die Gesprächsführung während des Beratungs- und Verkaufsgesprächs übernehmen. Der andere beobachtet verstärkt das Verhalten des Verkäufers hinsichtlich der acht Beobachtungskriterien. Nach dem Testkauf werden die Beobachtungen protokolliert.

Methoden zur Förderung verkäuferischer Kompetenzen

4. Phase: Reflexion und Präsentation der Erfahrungen

In der Reflexions- und Präsentationsphase sollen die Schüler ihre Erfahrungen, die sie während des Testkaufs gesammelt haben, ihrer Klasse beispielsweise mithilfe eines Spinnennetzdiagramms vorstellen.

Hierzu tragen die Gruppen die acht Beobachtungskriterien in das Spinnennetzdiagramm auf der Folie ein. Anschließend legen sie fest, wie positiv/negativ sie jeweils jedes Kriterium beobachtet haben und kreuzen die Werte im Spinnennetzdiagramm entsprechend an. Abschließend werden die Punkte miteinander verbunden. Die Folie dient als Visualisierungshilfe für die Präsentation der Testkäufe durch die einzelnen Arbeitsgruppen.

BEISPIEL EINES SPINNENNETZDIAGRAMMS:

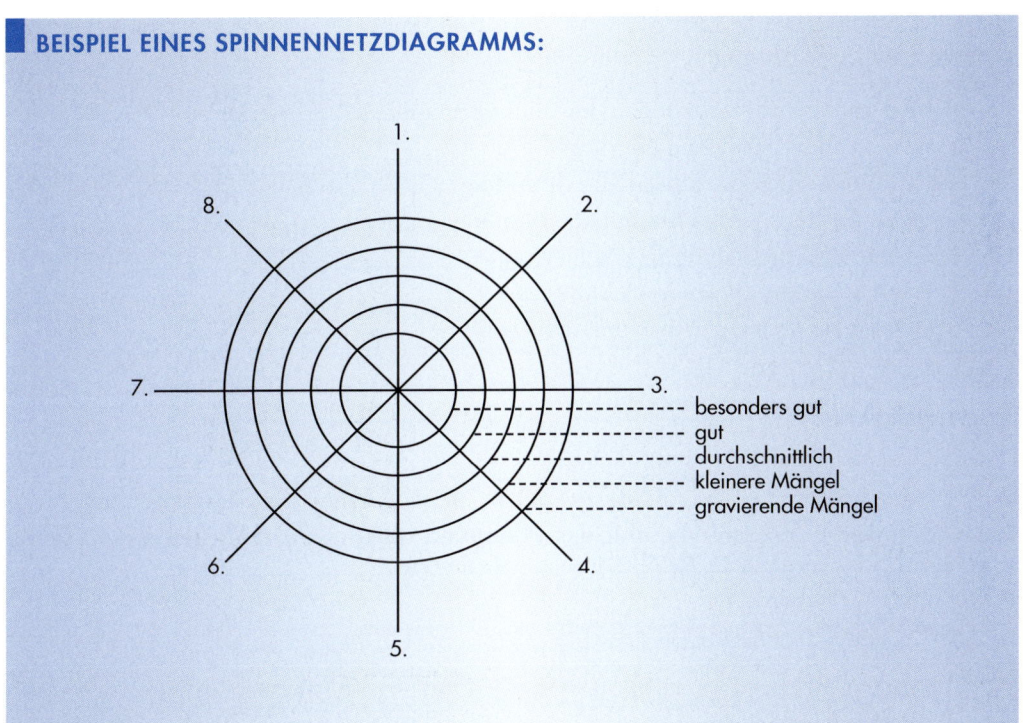

Sozialformen:

1. Phase = Gruppenarbeit und Plenum
2. Phase = Gruppenarbeit
3. Phase = Gruppenarbeit
4. Phase = Plenum und Präsentation

7.6 Verkaufsgespräche simulieren

Beschreibung

In kaufmännischen Berufen, wie beispielsweise der Einzelhandelskauffrau / dem Einzelhandelskaufmann, ist er wichtig, dass die Schüler regelmäßig mit dem beruflichen Alltag – also dem Verkaufsgespräch – konfrontiert werden.

Die Schüler sollen in kurzen Rollenspielen verschiedene Verkaufssituationen simulieren. Dabei wird der Käufer, der Kaufwunsch und der Kaufanlass durch Zufall mithilfe von Karten ermittelt. Diese zufällige Ausgangssituation sollen die Schüler in einem kurzen Rollenspiel darstellen. Anschließend wird das Rollenspiel gezielt anhand bereits vorher festgelegter Beobachtungskriterien reflektiert.

Als Beobachtungskriterien können beispielsweise dienen:
- Wird der Kunde freundlich begrüßt?
- Hat der Verkäufer eine offene Körperhaltung?
- Zeigt der Verkäufer eine freundliche Mimik?
- Inwieweit wird der Kundenwunsch erfragt?
- Setzt der Verkäufer positive Verstärker ein?
- Wird das Gespräch zum Abschluss gebracht?

Einsatzmöglichkeiten:

Diese Methode eignet sich vor allem, um:
- Verhalten während eines Verkaufsgesprächs zu beobachten und zu reflektieren,
- das Selbstbild des Schülers und das Fremdbild der Beobachtungsgruppe während eines Verkaufsgesprächs miteinander zu vergleichen,
- Spontaneität zu fördern.

Ablauf:

1. Phase: Vorbereitungsphase

Zwei Schüler werden ausgewählt, die das Verkaufsgespräch spielen. Der Schüler, der die Rolle des Kunden übernimmt, darf von drei verschiedenen Kartenstapeln jeweils eine Karte ziehen. Dabei beinhalten die jeweiligen Kartenstapel die folgenden Inhalte:

1. Käufer
→ beispielsweise: Schüler, Oma, Motorradfahrer, Geschäftsmann, Bundeskanzler

2. Kaufwunsch / Artikel
→ beispielsweise: Zahnbürste, Laptop, Fahrrad, Videokamera, Handy, Jeanshose

3. Kaufanlass / Zweck
→ beispielsweise: Urlaub, Hochzeit, Geschäftsreise, Fahrradtour, Zimmer neu einrichten

Beispiel einer Ausgangssituation: „**Oma** benötigt einen **Laptop** für den **Urlaub**"

Zugleich erhalten die Mitschüler einen Beobachtungsauftrag. Dieser kann sowohl mündlich erteilt werden oder durch einen Beobachtungsbogen erfolgen.

Ein Tisch wird als Verkaufstresen vorbereitet und, falls vorhanden, werden Requisiten bereitgestellt.

2. Phase: Durchführungsphase

Die Schüler simulieren das Verkaufsgespräch.

3. Phase: Reflexionsphase

Im Anschluss an das Rollenspiel werden die Schüler, die sich aktiv eingebracht haben, befragt. Dabei sollen sie deutlich machen, wie sie sich aus ihrer Sicht hinsichtlich der Beobachtungskriterien sehen. Danach erhalten die Mitschüler die Gelegenheit, den aktiven Schülern ein Feedback zu geben.

In dieser Phase hat der Lehrer darauf zu achten, dass die Mitschüler ein „faires" Feedback formulieren. Das Feedback sollte immer an den Schüler gerichtet werden. Daher muss dieser auch direkt angesprochen werden. Außerdem ist zu beachten, dass ein Feedback immer auf subjektiver Wahrnehmung beruht. Verallgemeinerungen, wie beispielsweise: „das…. macht man nicht!" ist kein geeignetes Feedback. Hilfreich ist die folgende Formulierung:

> Ich habe beobachtet, dass du ………. und das hat auf mich ……….gewirkt.

BEISPIEL FÜR EIN FEEDBACK:

„Ich habe beobachtet, dass du sehr leise gesprochen hast, das hat auf mich gewirkt, als ob du sehr ängstlich bist."

Sozialformen:

1. Phase = Plenum
2. Phase = Plenum
3. Phase = Plenum

KARTENBEISPIELE:

Käufer	Kundenwunsch / Artikel	Kaufanlass / Zweck
alte Frau / Mann	Zahnbürste	Urlaub
Schüler(in)	Laptop	Hochzeit
Motorradfahrer(in)	Fahrrad	Geschäftsreise
Geschäftsmann / Geschäftsfrau	Videokamera	Fahrradtour
gute(r) Freund(in)	Handy	Zimmer neu einrichten
Jogger(in)	Jeanshose	Beruf

8 Methodische Großformen

Einführung

Die einzelnen Phasen der methodischen Großformen sind so umfassend, dass sie mit den vielfältigen Methoden der vorangegangenen Kapitel umgesetzt werden. Ziel dieser Methoden ist es, entsprechend des handlungsorientierten Unterrichts, die Lernenden in einen ganzheitlichen Lernprozess einzubinden.

8.1   Fallstudie

Beschreibung

Im Mittelpunkt steht ein konkreter Einzelfall, an dem sich der Lernprozess orientiert. Die Lernenden müssen diesen Fall analysieren, Fakten herausstellen, Probleme lösen, Informationen sammeln und auswerten sowie Entscheidungen treffen. Dabei steht die Entscheidungsfindung zwischen verschiedenen Alternativen im Vordergrund – es gibt also keine eindeutige Lösung. Ungeeignet ist die Fallstudie zur Vermittlung theoretischen Wissens. Sie baut i.d.R. auf dem Grundwissen der Schüler auf.

Einsatzmöglichkeiten:

Diese Methode eignet sich vor allem, um:

- Hilfestellung für praktische Lebensbewältigung zu geben,
- das selbstständige Erkennen von Sachzusammenhängen zu fördern,
- zum selbstständigen Denken hinzuführen,
- Entscheidungsfreude zu fördern,
- die Kreativität und Urteilsfindung zu erhöhen.

Ablauf: (Der idealisierte Verlauf einer Fallstudie orientiert sich an Kaiser/Kaminski)

1. Phase: Konfrontation

In Form eines Lehrervortrages wird eine Ausgangssituation vorgestellt oder die Schüler informieren sich selbst über die Ausgangssituation. Ziel dieser Phase ist es, dass die Lernenden die Problemsituation erfassen.

2. Phase: Information

Die Lernenden beschaffen sich Informationen über den Sachverhalt und werten sie aus. Dabei können sie bereitgestelltes Informationsmaterial nutzen, Experten befragen oder im Internet recherchieren.

3. Phase: Exploration

Beispielsweise durch ein Brainstorming werden möglichst viele Lösungsvarianten und ihre Konsequenzen erarbeitet. Dabei wird noch keine konkrete Lösung diskutiert.

4. Phase: Resolution

Die Vor- und Nachteile der Lösungsvarianten werden abgewogen und eine Entscheidung wird getroffen. Die Entscheidung kann beispielsweise durch eine Diskussion mit anschließender Punktabfrage oder einer Nutzwertanalyse erzielt werden.

5. Phase: Disputation

Die Entscheidung wird vor der Klasse präsentiert und gegenüber Einwänden verteidigt.

6. Phase: Kollation

Der Vorschlag wird mit der in Wirklichkeit getroffenen Entscheidung verglichen. Beispielsweise können hierfür Zeitungsausschnitte ausgewertet werden oder der Vergleich erfolgt in einer Diskussionsrunde.

Methodische Großformen

Fünf didaktische Anforderungen sollte der Fall erfüllen:

---

1. Situationsbezug
Die Fallstudie sollte einen realen Bezug zur Praxis aufweisen und einen bestimmten Realitätsausschnitt repräsentieren.

2. Fasslichkeit
Die Fallstudie sollte so aufbereitet sein, dass sie den kognitiven Strukturen der Schüler angepasst ist. Es ist eventuell eine didaktische Reduktion und somit ein Realitätsverlust hinzunehmen, um diese Fasslichkeit zu erreichen.

3. Wissenschaftsbezug
Die fachlichen Inhalte sollten verallgemeinerungsfähig sein und sich in die Systematik der jeweiligen Fachwissenschaften widerspruchslos eingliedern lassen.

4. Bedeutsamkeit
Die Problemstellung sollte für die Schüler von subjektiver Bedeutung sein und an ihr Vorwissen anknüpfen.

5. Handlungsbezug
Die Fallstudie sollte geeignet sein, den Schülern zu einem praxisnahen und selbstständigen Handeln anzuhalten. Die Fallgestaltung muss derart sein, dass der Schüler zu Tätigkeiten angehalten wird, die der Praxissituation im hohen Maße entsprechen.

Quelle: Kaiser/Kaminski

Sozialformen:

1. Phase = Gruppenarbeit oder Plenum
2. Phase = Gruppenarbeit (bei Internetrecherche Einzelarbeit)
3. Phase = Gruppenarbeit
4. Phase = Gruppenarbeit
5. Phase = Plenum
6. Phase = Gruppenarbeit oder Plenum

8.2 Info-Markt

Beschreibung

Beim Info-Markt werden die Lernenden besonders gefördert, Informationen selbstständig zu beschaffen und auszuwerten. Die Schüler werden für ein spezielles Fachgebiet zu Experten. In dieser Phase kann die Recherche im Internet lernwirksam eingebunden werden.

Auf einem Info-Markt vermitteln die Lernenden ihre Kenntnisse den Mitschülern. Dabei informiert sich die eine Hälfte der Klasse an Info-Ständen über die verschiedenen Spezialthemen. Anschließend tauschen die Lernenden ihre Rollen. Die Schüler, die sich zuvor an den Ständen informiert haben, können nun selbst zu den anderen Info-Ständen gehen und sich dort informieren.

Im Gegensatz zum Stationenlernen, sind die Lernenden verantwortlich für die Qualität ihrer Stände (Lernstationen).

Methodische Großformen

Einsatzmöglichkeiten:

Diese Methode eignet sich vor allem, um:

- die selbstständige Informationsbeschaffung und -auswertung zu fördern,
- die Fähigkeit zu entwickeln, Inhalte den Mitschülern zu erklären und zu vermitteln.

Vorteile:

- Während der Erarbeitungsphase arbeiten die Schüler selbstständig.
- Das Rollenverhalten des Lehrers ändert sich. Er wird zum Lernberater und begleitet Gruppenprozesse.

Vorbereitung:

- Initiierung des Info-Marktes (erfolgt grundsätzlich durch den Lehrer)
- Bereitstellung von Informationsmaterialien oder Nutzung eines Internet-Raumes
- Bereitstellung von Präsentationsmaterialien und -medien

Ablauf:

1. Phase: Einführung

Zunächst werden die Schüler mit dem zu erarbeitenden Thema konfrontiert. Die Klasse wird in Gruppen aufgeteilt. Jeder Gruppe soll Informationen zu einem Teilgebiet sammeln.

Unterrichtsbeispiele

- „Instumente der Kommunikationspolitik"
  Jeder Gruppe informiert sich über ein vorgegebenes Instrument der Kommunikationspolitik
- Anschließend stellt der Lehrer den Ablauf der Methode vor.

2. Phase: Erarbeitung

Die Lerngruppe setzt sich mit dem Thema auseinander und bearbeitet die Arbeitsaufträge. Mit bereitgestellen Informationen (z. B. Lehrbücher, Nachschlagewerke) oder mithilfe des Internets sammeln die Schüler eigenständig Informationen für ihre Themenstellung.

Hilfreich ist ein vorstrukturierter Arbeits- und Zeitplan, den jede Gruppe erhält. Somit können die Lernenden in ihrer Gruppe besser planen, wer welche Medien nutzt und zu welchen Fachgebieten jeder Schüler Informationen zu sammeln hat. Die Zielsetzung wird von der Gruppe nicht aus den Augen verloren. Zugleich dient dieser Plan der Lerngruppe als permanente Selbstkontrolle auf dem Weg zur Zielerreichung.

Methodische Großformen

Unterrichtsbeispiele

Arbeits- und Zeitplan (Gruppe Absatzförderung)			

1. Aufgabenverteilung

Welche Inhalte sind zu suchen?	Von wem?	Bis wann?	Erledigt
Ziele der Absatzförderung	Felix	Nächste Unterrichtsstunde	
Formen der Absatzförderung	Martin	Nächste Unterrichtsstunde	
Mittel der Absatzförderung	Max	Nächste Unterrichtsstunde	

2. Welche Medien brauchen wir für unsere Präsentation?
- Plakate
- Stifte

3. Phase: Präsentation

In dieser Phase präsentieren die Lernenden ihr Spezialwissen den Mitschülern. Wie auf einem Marktplatz (Info-Markt) bauen die Lernenden ihre Stände im Klassenzimmer auf. Zur besseren Übersicht ist die Anordnung entlang der Außenwände des Raumes sinnvoll.

Die Arbeitsgruppen teilen sich auf. Die eine Hälfte bleibt an den Ständen und wird den Mitschülern ihr Wissen präsentieren. Die andere Hälfte geht über den Marktplatz und informiert sich an den anderen Ständen. Nach einer ausreichenden Zeit tauschen die Schüler ihre Rollen und der Marktgang startet erneut.

Die „Marktbesucher" sollten Arbeitsaufträge erhalten. Diese gewährleisten eine zielgerichtete Informationssammlung und bieten eine Orientierungshilfe. Zugleich dienen die Arbeitsaufträge der Ergebnissicherung.

4. Phase: Auswertung

Da der Lehrer den Lernprozess nur begleitet, hat der Info-Markt zwei Schwächen:

Zum einen wird nicht überprüft, inwieweit die Schüler ihre Informationen fachlich korrekt recherchiert haben. Zum anderen ist kaum kontrollierbar, inwieweit die Schüler die Informtionen an den Info-Ständen richtig aufnehmen.

Es ist daher besonders wichtig, die Arbeitsaufträge und die gesammelten Informationen zu vergleichen. Ggf. muss durch zusätzliche Übungsaufgaben das Wissen gefestigt werden.

5. Phase: Transfer

Die Kenntnisse, die aus dem Info-Markt gezogen wurden, werden auf analoge Probleme übertragen.

Methodische Großformen

Sozialformen:

1. Phase = Plenum
2. Phase = Gruppenarbeit
3. Phase = Einzelarbeit (sich informieren); Gruppenarbeit (Ergebnisse an den Ständen vorstellen)
4. Phase = Plenum
5. Phase = Plenum

8.3   Projektmethode

Beschreibung

Mithilfe der Projektmethode wird handlungsorientierter Unterricht in besonderem Maße umgesetzt. Die Lernenden werden hier besonders gefördert, Probleme selbst zu lösen und neue Situationen zu bewältigen, denn im Rahmen der Projektmethode müssen sie Arbeitsaufgaben selbstständig planen, durchführen und beurteilen.

Einsatzmöglichkeiten:

Diese Methode eignet sich vor allem, um:
- die selbstständige Informationsbeschaffung und -auswertung zu fördern,
- die Fähigkeit zu entwickeln, Arbeitsschritte zielgerichtet zu planen und festzulegen,
- ergebnisorientiert zu arbeiten.

Vorteile:

- Während der Projektdurchführung arbeiten die Schüler selbstständig.
- Das Rollenverhalten des Lehrers ändert sich. Er wird zum Lernberater und begleitet Gruppenprozesse.

Vorbereitung:

- Initiierung der Projektidee (erfolgt grundsätzlich durch den Lehrer)
- Bereitstellung von Informationsmaterialien
- Bereitstellung von Präsentationsmaterialien und -medien

Ablauf: (Der idealisierte Projektverlauf orientiert sich am Grundmuster von Frey[1])

1. Phase: Projektinitiative

Eine Projektidee wird vom Lehrer (oder einem Schüler) in den Raum gestellt. Diese Idee muss so offen und interessant formuliert sein, dass sie auf die Bedürfnisse und Interessen der Lerngruppe abzielt. Bei entsprechender Einigung entscheidet die Lerngruppe, ob aus der Initiative ein Projekt entstehen soll.

2. Phase: Projektskizze

Die Lerngruppe setzt sich mit der Projektinitiative auseinander und umreißt nun das zukünftige Betätigungsfeld. Sie erstellt eine Projektskizze, die jedoch noch keinen ausgefeilten Projektplan enthält.

---

[1] Frey, Karl: Die Projektmethode. Der Weg zum bildenden Tun, 8. Auflage, Weinheim / Basel 1998.

Methodische Großformen

3. Phase: Projektplan

Die Schüler erstellen einen Arbeits- und Zeitplan. Dieser Plan dient der Lerngruppe als permanente Selbstkontrolle auf dem Weg zur Zielerreichung. Im Projektplan wird festgelegt, welche Aufgabe insgesamt zu erfüllen ist, damit die Zielsetzung nicht aus den Augen verloren wird. Vor allem wird festgehalten, welche Teilaufgaben von welcher Person übernommen werden und welche Hilfsmittel und Materialien benötigt werden.

■ BEISPIEL:

1. Was wollen wir erreichen?

2. Aufgabenverteilung

Was ist zu tun?	Von wem?	Bis wann?	Erledigt

3. Was brauchen wir für unsere Arbeit?

4. Phase: Projektdurchführung

In dieser Phase erstellen die Lernenden über einen längeren Zeitraum das Produkt – das Projektergebnis. Diese Phase bildet somit die eigentliche Erarbeitungsphase.

5. Phase: Projektabschluss

Das Produkt wird im Projektabschluss vorgestellt. Eine Präsentation des Produktes kann erfolgen:

● vor den Mitschülern,
● vor einer anderen Klasse,
● vor Mitarbeitern des Ausbildungsbetriebes,
● im Internet.

Hinweis:
Zu vereinbarten Zeitpunkten (so genannte „Fixpunkte") werden die Lernenden regelmäßig aufgefordert, einen Zwischenbericht über den aktuellen Stand ihrer Arbeit abzugeben. Der Lehrer hat dabei die Chance, bei Bedarf steuernd einzugreifen. Es ist ein Mittel gegen blinde Betriebsamkeit, Orientierungslosigkeit und fehlende Abstimmung zwischen den Teilgruppen. Zugleich sind zusätzliche Übungen oder Unterrichtsgespräche außerhalb des Projektes (sogenannte „Metainteraktionen") hilfreich, wenn Beziehungsprobleme der Teilnehmer untereinander das Arbeiten erschweren.

Sozialformen:

1. Phase = Plenum
2. Phase = Partnerarbeit, Gruppenarbeit oder Plenum
3. Phase = Gruppenarbeit
4. Phase = Gruppenarbeit
5. Phase = Plenum
Fixpunkte und Metainteraktionen = Plenum

Methodische Großformen

Methodische Großformen

Gestaltungsmerkmale eines Projektes (Die Gestaltungsmerkmale orientieren sich an Gudjons[2])	
Situationsbezug	Die Situation muss so gestaltet sein, dass sie sich nicht auf Fachaspekte beschränkt, sondern mit dem wirklichen Leben zu tun hat und zum Erwerb von Erfahrungen geeignet ist.
Orientierung an den Interessen der Beteiligten	Das Projektthema muss sich an den Interessen der Beteiligten orientieren.
Gesellschaftliche Praxisrelevanz	Der Gegenstandsbereich des Projektthemas muss eine gesellschaftliche Relevanz haben. Damit die Sinnhaftigkeit des Projektes deutlich wird, ist zu überlegen, für welchen Adressatenkreis das Projektergebnis nützlich und anregend sein kann.
Zielgerichtete Projektplanung	Im Projektunterricht wird auf ein Ziel hin geplant. Die zielgerichtete Planung umfasst die Abfolge von Arbeitsschritten, die Verteilung von Aufgaben, das Zeitmanagement, die Erstellung eines Produktes und die entsprechende Präsentation.
Selbstorganisation und Selbstverantwortung	Die Lernenden sind selbst verantwortlich für den Inhalt, die Gestaltung und die Organisation des Projektes.
Einbeziehung vieler Sinne	Die Wirklichkeit soll nicht nur beredet werden, sondern handelnd unter Einbeziehung möglichst vieler Sinne erfahren und gestaltet werden.
Soziales Lernen	Die Arbeit am Projekt verlangt eine Zusammenarbeit innerhalb der Gruppen und eine Koordination der einzelnen Gruppenarbeiten im Ganzen. Kommunikation und Kooperation sind beim gemeinsamen Handeln unverzichtbar und erfordern somit soziale Lernprozesse.
Produktorientierung	Entsprechend der Zielorientierung steht am Ende der Projektarbeit ein Produkt. Wichtig ist, dass diese Ergebnisse öffentlich gemacht werden und für andere zur Kenntnisnahme, Beurteilung und Kritik zugänglich gemacht werden.
Interdisziplinarität	Es muss eine Transferleistung erfolgen. Das Produkt ist in seinem komplexen Lebenszusammenhang zu begreifen und die Gemeinsamkeiten zu anderen Lernfeldern oder Unterrichtsfächern müssen verinnerlicht werden.

[2] Gudjons, Herbert: Handlungsorientiert lehren und lernen. Schüleraktivierung – Selbsttätigkeit – Projektarbeit, 6. Auflage, Bad Heilbrunn 2001.

8.4 Rollenspiel

Beschreibung

Durch ein Rollenspiel versetzen sich die Schüler in eine Rolle und tragen diese Rolle ihren Mitschülern vor. Hierdurch werden Konflikte aus dem Umfeld (privat und beruflich) der Schüler veranschaulicht. Zugleich wird durch die Simulation von Wirklichkeit den Akteuren ihr eigenes Handeln näher gebracht und anschließend reflektiert.

Einsatzmöglichkeiten:

Diese Methode eignet sich vor allem, um:

- die kommunikative Kompetenz zu fördern,
- Verhalten zu hinterfragen,
- die Fähigkeit, sich in die Lage eines Interaktionspartners zu versetzen, zu verbessern,
- die Fähigkeit gegensätzliche Erwartungen und mehrdeutige Situationen zu ertragen,
- das eigene Handeln zu reflektieren,
- Konflikte/Interessensgegensätze aufzudecken,
- Lösungsstrategien zu entwickeln.

Vorbereitung:

1. Entscheidung, ob spontanes oder vorstrukturiertes Rollenspiel
2. Erstellung von Rollenkarten
3. Planung des Szenenaufbaus/der Sitzordnung
4. Vorbereiten von Requisiten
5. Erstellung eines Beobachtungsbogens (programmiert/teilprogrammiert/offen)

Ablauf:

1. Phase: Information

Die Schüler werden mit einem Problem konfrontiert und informieren sich über die Problemstellung.

2. Phase: Vorbereitung (Motivation)

In dieser Phase werden die Akteure gezielt oder durch Losverfahren ausgesucht. Vielfach ist es lernwirksam, wenn die Lernenden Zeit erhalten, Argumente zu sammeln, um eine Position im Rollenspiel besser vertreten zu können. Der Szenenaufbau und die Sitzordnung werden geplant, ggf. werden Requisiten bereitgestellt. Die passiven Schüler sollten durch einen gezielten Beobachtungsauftrag, möglichst mithilfe eines Beobachtungsbogens, eingebunden werden.

3. Phase: Durchführung

Die Schüler werden in ihre Rollen eingeführt und führen entsprechend der Rollenvorgaben das Rollenspiel durch. Finden die Rollenspieler kein Ende und eine Lösung ist nicht in Sicht, sollte der Lehrer ggf. das Rollenspiel abbrechen. Vielfach ist es sinnvoll, dass ein Rollenspiel mehrfach, mit verschiedenen Akteuren durchgeführt wird, damit ein bestimmtes Verhalten besser deutlich gemacht wird.

Methodische Großformen

4. Phase: Reflexion

Mithilfe verschiedener Techniken werden die eingebrachten Argumente reflektiert.

- Diskussion
- Beobachtungsbogen
- Video
- Argumente auf Karten sammeln und anschließend als Tafelbild

5. Phase: Ergebnissicherung

Die Ergebnisse, die aus dem Rollenspiel erarbeitet wurden, werden zusammengefasst und festgehalten.

6. Phase: Generalisierung

Die Schüler erhalten (weitere) Informationen, die über das spezielle Thema des Rollenspieles allgemeine Erkenntnisse vermitteln.

7. Phase: Transfer

Die Kenntnisse, die aus dem Rollenspiel gezogen wurden, werden auf analoge Probleme übertragen.

Sozialformen:

1. Phase = Gruppenarbeit, Plenum
2. Phase = Plenum
3. Phase = Plenum
4. Phase = Plenum
5. Phase = Plenum
6. Phase = Gruppenarbeit, Plenum
7. Phase = Plenum

Rollenspielarten:

→ **Offenes / geschlossenes Rollenspiel**

Während beim offenen Rollenspiel die Gestaltung der Rollen in den Händen der Akteure liegt, sind beim geschlossenen Rollenspiel die wichtigsten Verhaltensweisen und Argumente vorgegeben.

→ **Geplantes / spontanes Rollenspiel**

Beim geplanten Rollenspiel sprechen die Akteure in einer Vorbereitungsphase ihr Verhalten ab und Argumente, die die jeweiligen Standpunkte verdeutlichen sollen, werden vorher gesammelt. Dagegen ergibt sich das spontane Rollenspiel (sogenanntes Stegreifspiel) aus einer Unterrichtssituation und ist ungeplant.

Methodische Großformen

8.5 Szenario-Methode

Beschreibung

Mithilfe der Szenario-Methode entwickeln die Schüler mehrere alternative Vorstellungen von wahrscheinlicher Zukunft und erarbeiten Maßnahmen, die positive Entwicklungstrends fördern bzw. negative vermeiden.

Die Szenario-Methode beginnt damit, dass die Schüler eine Ausgangssituation beschreiben. Anschließend werden mögliche Einflussfaktoren gesammelt und mögliche zukünftige Entwicklungen dieser Einflussfaktoren beschrieben. Hieraus werden alternativ Extremszenarien entworfen, indem die Entwicklungen verschiedener Einflussfaktoren sinnvoll kombiniert werden. Abschließend werden Chancen und Risiken für den Fall ermittelt, dass ein Szenario Realität wird und entsprechende (Gegen-)Maßnahmen abgeleitet.

Während die Szenario-Methode mehrere Vorstellungen von wahrscheinlicher Zukunft entwirft, wird bei der Zukunftswerkstatt (siehe Seite 145) ein Entwurf einer wünschenswerten Zukunft erarbeitet.

Einsatzmöglichkeiten:

Diese Methode eignet sich vor allem, um:

- erworbenes Wissen anzuwenden,
- Informationen in eine Entscheidung einzubeziehen, zu verarbeiten und zu kombinieren,
- Antworten auf Zukunftsfragen zu finden,
- langfristige Entwicklungen aufzuzeigen,
- globale Weltmodelle zu veranschaulichen,
- vernetztes Denken zu fördern,
- Problembewusstsein zu entwickeln.

Ablauf[3]:

1. Phase: Aufgabenanalyse (Problemanalyse)

Die aktuelle Situation wird erfasst. Dabei muss beachtet werden, inwieweit Fachkenntnisse bereits vorhanden sind. Ggf. müssen diese noch erarbeitet werden.

Umsetzung durch:

Lehrervortrag über die Ausgangssituation
Schüler informieren sich selbstständig über die Ausgangssituation

Beispiel:

Entwicklung von Geschäftsstellendichte der Banken in Deutschland

---

[3] Phasenverlauf nach BATELLE-Institut e.V., Frankfurt / M. und Albers / Broux

Methodische Großformen

2. Phase: Einflussanalyse

Es werden Einflussbereiche gesammelt, die auf den Untersuchungsgegenstand wirken

Umsetzung durch:

Brainstorming
Kartenabfrage + Präsentation
Mindmap
Punktabfrage zur Gewichtung der Einflussfaktoren

Beispiel:

- Technische Entwicklung
- Akzeptanz neuer Technologien durch die Verbraucher
- Entwicklung von Personalkosten

3. Phase: Trendprojektion (Deskriptorenanalyse)

Nun muss analysiert werden, wie sich die Einflussfaktoren qualitativ / quantitativ entwickeln werden (so genannte Deskriptoren).

Umsetzung durch:

Wandplakat + Präsentation
Folie + Präsentation

Beispiel:

- Technische Entwicklung wird sich schnell weiterentwickeln
- Akzeptanz neuer Technologien durch die Verbraucher ist eher schleppend
- Personalkosten werden steigen

4. Phase: Alternativenbündelung

Die Entwicklungen der Einflussfaktoren (Deskriptoren) werden dahingehend untersucht, inwieweit sie sich gegenseitig verstärken oder abschwächen. Daraus werden mögliche Zukunftsbilder zusammengefasst.

Umsetzung durch:

Das Präsentationsergebnis hinterfragen, inwieweit die Einflussfaktoren sich gegenseitig verstärken oder abschwächen:

Beispiel:

Insgesamt führen die Einflussfaktoren dazu, dass immer bestimmte Bankgeschäfte durch Technik eingesetzt wird.

5. Phase: Szenariointerpretation

Zwei konträre Extremszenarien werden konkretisiert und ein positives und ein negatives Zukunftsbild entwickelt. Daraus wird ein Trendszenario entwickelt.

Umsetzung durch:

Wandplakat + Präsentation
Folie + Präsentation

Beispiel:

Szenario I:
Die automatisierte Geschäftsstelle ohne Kundenberater / kein Kontakt zum Kunden

Szenario II:
Mehr Zeit / intensivere Betreuung der Kunden

Methodische Großformen

6. Phase: Konsequenzenanalyse

Es werden Chancen und Risiken für den Fall ermittelt, dass ein Szenario Realität wird.

Umsetzung durch:

Unterrichtsgespräch über Chancen und Risiken der Extremszenarien

Beispiel:

● Personalüberhang
● Mehr Zeit für die Kunden
● Kunde muss motiviert werden, in die Bank zu kommen

7. Phase: Szenario-Transfer

Maßnahmen werden entwickelt, die positive Entwicklungstrends fördern und negative vermeiden. Methodisch kann dieser durch ein Unterrichtsgespräch oder eine Kartenabfrage umgesetzt werden. Aber auch ein Rollenspiel ist gut möglich.

Umsetzung durch:

Kartenabfrage

Rollenspiel

Unterrichtsgespräch

Beispiel:

● Berater besucht die Kunden zu Hause
● Bankfilialen schließen

Sozialformen:

1. Phase = Partner-, Gruppenarbeit oder Plenum
2. Phase = Gruppenarbeit, Plenum
3. Phase = Gruppenarbeit
4. Phase = Plenum
5. Phase = Gruppenarbeit
6. Phase = Plenum
7. Phase = Gruppenarbeit, Plenum

8.6   Zukunftswerkstatt

Beschreibung

Mithilfe der Zukunftswerkstatt entwickeln die Schüler Lösungsvorschläge oder Umsetzungsstrategien zu einem Thema/Problem. Die Zukunftswerkstatt verläuft in drei Phasen:

● Kritikphase
● Fantasie- und Utopiephase
● Umsetzungsphase

Einsatzmöglichkeiten:

Diese Methode eignet sich vor allem, um:

● erworbenes Wissen anzuwenden,
● Informationen in eine Entscheidung einzubeziehen, zu verarbeiten und zu kombinieren,
● Antworten auf Zukunftsfragen zu finden,

Methodische Großformen

● langfristige Entwicklungen aufzuzeigen,

● globale Weltmodelle zu veranschaulichen,

● vernetztes Denken zu fördern,

● Problembewusstsein zu entwickeln.

Vorbereitung:

Klare Formulierung der Fragestellung

Ablauf:

1. Phase: Kritik („Meckerphase")

Unter einer Fragestellung wird Kritik gesammelt. Wichtig ist dabei, dass keine Analyse der Kritik stattfindet. Alles darf gesagt, geschrieben und kritisiert werden.

2. Phase: Fantasie und Utopie („Wunsch- und Traumphase")

Hier geht es darum, eine Gegenwelt zur Kritik zu schaffen sowie Problemlösungen und neue Ideen zu entwickeln. Kritik an den Ideen oder ein Hinterfragen der Realisierbarkeit hat in dieser Phase nichts zu suchen. Dabei sind zwei Fragestellungen wesentlich:

● Wie könnte ich es besser machen?

● Was wünsche ich mir?

3a. Phase: Umsetzung („Losleg-Phase")

Zunächst wird in dieser Phase festgelegt, welche Ideen bzw. Wünsche aus der Fantasie-phase weiter bearbeitet werden sollen. Anschließend werden Möglichkeiten anhand eines Handlungsplans erarbeitet, diese Ideen in die Realität umzusetzen. Es geht also darum, was erledigt werden muss, um die Ideen umzusetzen.

3b. Phase: Präsentation (Alternative zur Umsetzungsphase)

Die Umsetzungsphase wird durch eine (u. U. öffentliche) Präsentation der Ergebnisse ergänzt.

Oftmals findet noch eine **Einstiegsphase** statt, die eine Einführung der Zukunftswerkstatt beinhaltet. Abschließend findet eine **Ausstiegsphase** statt, in der ein Gesamtfeedback über die Zukunftswerkstatt erfolgt.

Sozialformen:

1. Phase = Plenum oder Gruppenarbeit
2. Phase = Plenum oder Gruppenarbeit
3. Phase = Gruppenarbeit

Methodische Großformen

9 Anhang: Medien

Einführung

„Ein Bild sagt mehr als tausend Worte."
Dieses alte Sprichwort bekräftigt, wie wichtig es ist, Lernprozesse zu visualisieren. Die folgenden Ausführungen heben hervor, worauf bei der Visualisierung mithilfe der einzelnen Medien zu achten ist und welche Vor- bzw. Nachteile sie beinhalten.

1   Anschauungsmaterial

Das sollten Sie beim Einsatz von Anschauungsmaterial beachten:

1. Das Anschauungsmaterial muss exemplarisch den Inhalt verdeutlichen.

2. Wird das Anschauungsmaterial vorne, vor der Klasse gezeigt, ist es u. U. nicht für alle Schüler sichtbar.

3. Wird das Anschauungsmaterial herumgereicht, folgen die Schüler nicht mehr dem weiteren Unterrichtsgeschehen.

Der Einsatz von **Anschauungsmaterial** beinhaltet folgende Vor- und Nachteile:

Vorteile	Nachteile
● Hohe Motivation	● Es gibt nur wenig Anschauungs-materialien für kaufmännische Fächer
● Schafft einen Realitätsbezug	
● Veranschaulicht theoretische Sach-verhalte	● Hoher Zeitaufwand für die Beschaffung
● Weitere Sinne werden angesprochen	

Unterrichtsbeispiele

● Überweisungsträger, Lastschrift, Scheck (Thema Zahlungsverkehr)

● Kreditkarte (Thema Zahlungsverkehr)

● Pfandsiegel (Thema Zahlungsverzug)

● Paket mit Warenlieferung, die fehlerhafte Ware enthält (Thema Schlechtleistung)

● Produktbeispiel (Thema Marketing)

Anhang: Medien

2 Arbeitsblatt

Bei der Gestaltung eines **Arbeitsblattes** werden folgende Typen unterschieden:

- **Informationsblatt**
  (Artikel, Sachtexte, Statistiken …)
- **Merkblatt**
  (Regeln, Merksätze, Formeln …)
- **Aufgabenblatt**
  (Arbeitsaufträge, Leittexte …)
- **Testblatt**
  (Aufgaben zur Erfolgskontrolle)

Grundsätzlich ist eine Kombination der verschiedenen Arten möglich und sinnvoll.

Das sollten Sie bei der Gestaltung eines Arbeitsblattes beachten:
Bei einer Kombination der Arbeitsblatttypen sollte grundsätzlich **folgender Aufbau** beachtet werden:

1. Ausgangssituation
Die Schüler sollten zunächst in eine Ausgangssituation versetzt werden.

2. Arbeitsauftrag
Die Schüler erhalten klare Anweisungen, was sie erarbeiten sollen.

3. Informationstext
Schüler lesen gezielt einen möglichen Informationstext anhand des vorher gegebenen Arbeitsauftrages.

Weitere Gestaltungskriterien:
- Ein wiederkehrendes Layout erhöht die Orientierung auf dem Arbeitsblatt
- Eine Kopfzeile hilft beim Zuordnen der Arbeitsblätter zu den Fächern oder Lernfeldern
- Fotos erleichtern den Schülern sich in eine Ausgangssituation hineinzuversetzen

Der Einsatz eines **Arbeitsblattes** beinhaltet folgende Vor- und Nachteile:

Vorteile	Nachteile
• Steuerung eines schülerzentrierten Unterrichts	• Relativ hohe Kosten (Kopierkosten)
• Im Gegensatz zum Schulbuch können aktuelle Themen in den Unterricht einbezogen werden	• Hoher Zeitaufwand für die Gestaltung
	• Unterrichtsschritte werden starr vorgegeben – Flexibilität geht verloren
• Im Vergleich zum Lehrbuch ist eine Abstimmung der Unterrichtsmaterialien individuell auf das Leistungsniveau der Lerngruppe möglich	• Das Lehrbuch verliert seine zentrale Bedeutung – eine Anschaffung wird daher infrage gestellt
	• Das Arbeitsblatt sollte das Lehrbuch nicht ersetzen, wenn die Unterrichtsqualität dadurch nicht wesentlich verbessert wird

Anhang: Medien

Anhang: Medien

3   Filme

Das sollten Sie beim Einsatz eines **Films** beachten:

1. Den Film vorher **selbst anschauen**.

2. Überprüfen, ob der Film auch tatsächlich die **gewünschte Zielsetzung** beinhaltet.

3. Das **Niveau** des Films sollte der Lerngruppe ent-spre-chen.

4. Zeit zum Auf- und Abbau einplanen.

5. Es muss vor Unterrichtsbeginn geprüft werden, ob die Technik funktioniert.

6. **Urheberrechte** beachten.
   Die schulische und somit öffentliche Vorführung von Filmen ist innerhalb der ersten zwei Jahre nach Erstausstrahlung des Films verboten.

7. Darauf achten, dass alle Zuschauer **einen guten Blick** auf den Bildschirm haben.

8. Gezielte Betrachtung des Films mithilfe eines **Beobachtungsbogens** ermöglichen.

Die Visualisierung mit dem **Film** beinhaltet folgende...

Vorteile	Nachteile
● Motivierend	● Technische Abhängigkeit
● Abwechslung vom Unterrichtsalltag	● Hoher Vorbereitungsaufwand
● Hohe Anschaulichkeit durch Bild und Ton	● Film, der die gewünschten Lernziele erfüllt, ist nur selten zu finden.
● Vermittlung vieler Informationen in kurzer Zeit, im Vergleich zu anderen Medien	● Hoher Zeitaufwand für das Zeigen des Films mit anschließender Reflexion, denn einzelne Filmpassagen müssen im Rahmen der Reflexion nochmals gezeigt werden.
● Archivierung möglich	● Die Motivation der Lernenden besteht häufig nur darin, dass sie sich passiv berieseln lassen können.

4   Interaktives Whiteboard

Das sollten Sie bei der Visualisierung mit dem **interaktiven Whiteboard** beachten:

1. Alle Schüler müssen auf die Whiteboardfläche eine freie Sicht haben.

2. Schüler sollen bei der Formulierung mit einbezogen werden.

3. Keine Fließtexte verwenden.

4. Die Schüler sollen durch die Vielfalt an Texten und Animationen nicht mit Wissen überfrachtet werden.

Die Visualisierung mit dem **interaktiven Whiteboard** beinhaltet folgende Vor- und Nachteile:

Vorteile	Nachteile
● Vielseitig nutzbar mithilfe von Textverarbeitung und Präsentationssoftware	● Überwiegend nur für den lehrerzentrierten Unterricht geeignet
● Tafelbilder können bereits zuhause am PC erstellt werden	● Schnelle Korrekturen wie an der Tafel durch Abwischen sind nicht möglich
● Tafelbilder und Dokumente können gespeichert und somit jederzeit abgerufen werden	● Hohe Kosten für die Anschaffung
● Tafelbilder können den Lernenden als Software zur Verfügung gestellt werden	
● Durch Animationen mithilfe von vorgefertigter Software und Filmausschnitten werden Sachverhalte veranschaulicht	
● Durch die Darstellungsvielfalt erfährt der Lernprozess eine Motivationssteigerung	
● Auf jedem beliebigen Softwarehintergrund können Bemerkungen hinzugefügt werden	

Anhang: Medien

5   Moderatorenkarten
(siehe auch Kapitel 3.4 Kartenabfrage)

Das sollten Sie bei der Visualisierung mit **Moderatorenkarten** beachten:

1. Eine Leitidee als Überschrift für alle sichtbar

2. Nur ein Gedanke pro Karte

3. In Druckschrift schreiben

4. Leserlich und groß schreiben

5. Maximal drei Zeilen pro Karte

6. Filzstifte zum Beschriften benutzen (keine Textmarker)

7. Unterschiedliche Aspekte durch unterschiedliche Kartenfarben hervorheben

8. Achten Sie während der Moderation darauf, dass die Karte mit ihrem Inhalt gezeigt und erst dann angeheftet wird, sobald man sich auf eine Zuordnung der Karte geeinigt hat.

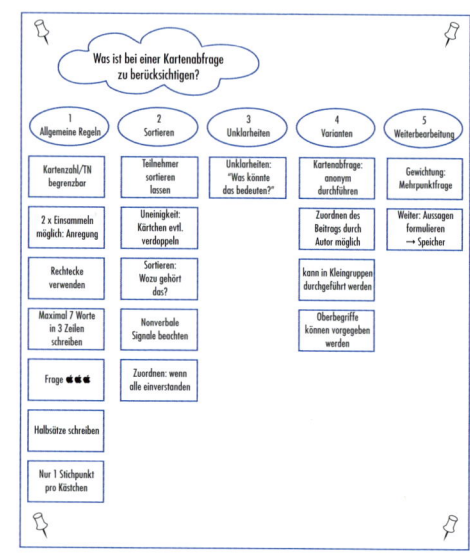

Die Visualisierung mit **Moderatorenkarten** beinhaltet folgende Vor- und Nachteile:

Vorteile	Nachteile
● Kriterien lassen sich ständig neu zuordnen; das Gesamtbild ist flexibel	● Relativ hohe Kosten (Moderatorenkarten/Stifte)
● Ergänzungen/Streichungen sind jederzeit möglich	● Gesamtbild kann nicht archiviert werden
● Karten (nicht jedoch das Gesamtbild) bleiben erhalten und können archiviert werden	
● Fördert Diskussionsprozesse, Ideensammlung	
● Alle Schüler werden in die Ideenfindung einbezogen	
● Stichworte auf den Moderatorenkarten, fördern die Schüler, frei vor der Klasse zu sprechen	

6   Overheadprojektor

Das sollten Sie bei der Visualisierung mit dem **Overheadprojektor** beachten:

1. Darauf achten, dass die Folie eine **Überschrift** hat.
2. Eine gut lesbare, große und **deutliche Schrift** wählen.
   - Mit Rechner geschriebene Folien sollten eine Schriftgröße von mindestens 16 Punkt haben.
   - Für handgeschriebene Folien nur dunkle Stifte verwenden.
3. Höchstens **sieben Stichworte** je Folie schreiben.
4. **Scharf projizieren** und den **Raum abdunkeln**. Möglichst Verzerrungen durch schiefe Projektion vermeiden.
5. Der **Lichtschein** des OHP muss die **Leinwand treffen**.
6. Die Folien für den Fall **nummerieren**, dass sie durcheinander geraten.
7. Den Projektor **erst dann einschalten**, wenn die Folien aufgelegt und angekündigt wurden.

Quelle: Acco Deutschland

8. Wird die gesamte Folie auf einmal gezeigt (z. B. bei einer Karikatur, Schaubild usw.), benötigen die Schüler **einige Zeit**, um die Folien zu **erfassen**, bevor mit den Erläuterungen begonnen wird.
9. Bei einer Folie, die einen sehr komplexen Inhalt aufweist, muss durch die Folie geführt werden. Hierzu werden noch nicht benötigte Informationen mit einem weißen **Papier abgedeckt.** Sie werden dadurch auf der Projektionsfläche unlesbar, nicht aber für den Referenten am Projektor. Mit einem Stift sollte auf **die Stelle** gezeigt werden, über die **gerade gesprochen** wird.
10. Während der Präsentation nicht auf die Projektionsfläche **zeigen**, sondern direkt auf den **Overhead-Projektor**. Dadurch bleibt der **Blickkontakt** mit dem Publikum erhalten.
11. Bei längeren Pausen, z. B. bei einer einsetzenden Diskussion, **den Projektor ausschalten**, damit das Publikum sich auf die Diskussion konzentrieren kann.

Die Visualisierung mit dem **Overheadprojektor** beinhaltet folgende Vor- und Nachteile:

Vorteile	Nachteile

● Gut sichtbar
● Erzeugt große Aufmerksamkeit durch Licht
● Lehrer bleibt den Lernenden zugewandt, der Kontakt zu den Schülern bleibt erhalten
● Kopien von der Folie für alle Zuhörer sind möglich
● Können professionell am PC erstellt werden
● Bleibt als Folie erhalten und kann archiviert werden. Daher als Grundlage für Schülerpräsentationen geeignet
● Vielfältig nutzbar:
  – fertige Folie (z. B. Cartoon),
  – nur Strukturen sind auf der Folie aufgedruckt, der Rest wird entwickelt,
  – komplette Folie wird entwickelt
● Motivation durch: Karikaturen, Comics, Grafiken, Zitate, Thesen, Schlagzeilen aus der Presse
	● Nur sichtbar, so lange der Overheadprojektor eingeschaltet ist
	● Ergebnisse arbeitsteiliger Gruppenarbeit, die auf einzelnen Folien festgehalten und präsentiert werden, lassen sich nicht anschaulich nebeneinander vergleichen
	● Folien lassen sich schlecht nachträglich verändern
	● Abhängigkeit von der Technik
	● Folie ist nicht umweltgerecht

7 PC + Beamer + Präsentationssoftware

Anhang: Medien

Das sollten Sie bei der Visualisierung mit einem **PC**, einem **Beamer** und einer **Präsentationssoftware** beachten:

1. Zeit zum Auf- und Abbau einplanen, ggf. Technik vor Unterrichtsbeginn prüfen.

2. Die Präsentation **nicht** mit Animation **überladen**

3. Nicht den **Inhalt** zugunsten einer Show vernachlässigen

4. **Schlagworte** statt Fließtexte

5. **Nicht zur Leinwand** sprechen

Quelle: Acco Deutschland

6. Die Folien sollten eine **Überschrift** haben

7. Die Präsentation **nicht mit** zu vielen **Folien überladen**

Tipp für eine Schülerpräsentation:

Die Anzahl der maximalen Folie vorgeben, damit die Zuhörer nicht mit Informationen und Effekten überschüttet werden.

Die Visualisierung mit einem **PC**, einem **Beamer** und einer **Präsentationssoftware** beinhaltet folgende Vor- und Nachteile:

Vorteile	Nachteile
● Wirkt professionell	● Abhängigkeit von der Technik (Immer PC und Beamer erforderlich)
● Erzeugt hohe Aufmerksamkeit	
● Folien können ausgedruckt und vervielfältigt werden	● Hohe Kosten wg. der technischen Ausstattung
● Hilfestellung durch Vorgabe von Schriftgröße und Design	● Erstellung ist teilweise zeitaufwendig
● Problemlose Ergebnissicherung: (Schüler erhalten die Präsentation per E-Mail)	● Gefahr, mit dem Rücken zu den Zuhörern zu sprechen
● In der Reflexionsphase sind Ergänzungen möglich	
● Präsentation ist archivierbar	
● Präsentation lässt sich bei einer Wiederholung schnell aktualisieren	
● Hohe intrinsische Motivation seitens der Schüler bei der Erstellung einer Präsentation	

8 Plakat/Wandzeitung

*Quelle: P. Forsyth, 30 Minuten bis zur erfolg-
reichen Präsentation, Gabal Verlag*

Das sollten Sie bei der Visualisierung mit dem **Plakat** beachten:

1. Darauf achten, dass das Plakat eine **Überschrift** hat.

2. Eine gut lesbare, große und **deutliche Schrift** wählen.

3. Das Plakat **übersichtlich** strukturieren.

4. **„Ein Bild sagt mehr als tausend Worte."** Einsatz von freien Grafiken, Symbolen (z.B. Pfeile, Kreise, Punkte, Smilies, Wolken) und Diagrammen (Kurven-, Säulen- und Kreisdiagramme).

5. Während der Präsentation des Plakates auf die **Inhalte zeigen**, die gerade präsentiert werden.

6. Daran denken, dass die Schüler **ausreichend Zeit** brauchen, um das Plakat abschreiben zu können.

Die Visualisierung mit dem **Plakat** beinhaltet folgende Vor- und Nachteile:

Vorteile	Nachteile
● Ergebnisse arbeitsteiliger Gruppenarbeit, die auf Plakate visualisiert werden, lassen sich anschaulich nebeneinander vergleichen	● Korrekturen sind nicht möglich
● Je nach Größe eines Plakates i.d.R. übersichtlich	● Relativ hohe Kosten (Papier/Stifte)
● Bleibt als Plakat erhalten und kann archiviert werden	● Hoher Zeitaufwand für die Erstellung eines Plakates
● Anschauliche Gestaltung durch farbige Stifte, Symbole und Bilder möglich	● Hoher Papierverbrauch, daher ökologisch fragwürdig
● Mit anderen Medien kombinierbar (z. B. Moderatorenkarten)	● Hoher Zeitaufwand für die Ergebnissicherung (Abschreiben der Plakate)
● Bei der Gestaltung wird auch die rechte Gehirnhälfte aktiviert	● Relativ kleine Fläche für eine übersichtliche Gestaltung

Anhang: Medien

Anhang: Medien

9   Tafel

Das sollten Sie bei der Visualisierung mit der **Tafel** beachten:

1. **Freie Sicht** für alle auf die Tafelfläche!

2. Die Tafelfläche muss **sauber** sein.

3. Ein Tafelbild sollte **vor den Augen** der Schüler entwickelt werden.

4. Das Tafelbild muss eine **Überschrift** haben.

5. **Wichtige Aspekte** durch Farbe und Unterstreichungen **hervorheben**.

6. Eine gut lesbare, große und **deutliche Schrift** wählen.

Quelle: Acco Deutschland

7. Das Tafelbild sollte nicht überfrachtet werden**,** sondern **übersichtlich** und gut strukturiert sein (die Dreiteilung der Tafel nutzen – soweit vorhanden).

8. Die Schüler brauchen **ausreichend Zeit,** um das Tafelbild abschreiben zu können.

9. **Schüler** bei der Formulierung **mit einbeziehen.**

Die Visualisierung mit der **Tafel** beinhaltet folgende Vor- und Nachteile:

Vorteile	Nachteile
● Große Übersicht möglich	● Tafelbild wird entwickelt, daher grundsätzlich nicht geeignet für Schülerpräsentationen
● I.d.R. wird das Tafelbild langsam entwickelt	
● Korrekturen sind schnell möglich, damit sehr flexibel	● Das Tafelbild geht verloren, wenn es abgewischt wird
● Geringe Kosten	● Es wird den Schülern der Rücken zugekehrt
● Umweltfreundlich	
● Durch das Abschreiben des Tafelbildes übernehmen die Schüler den Inhalt mit der eigenen Schrift; ein späteres Lesen/Lernen wird damit effizienter	● Gefahr, mit dem Rücken zu den Zuhörern zu sprechen
● Mit anderen Medien kombinierbar (z. B. Moderatorenkarten)	

Tafelbildarten

Im Wesentlichen lassen sich die Arten von Tafelbildern auf die folgenden acht Grundformen zusammenfassen:

Gegenüberstellung

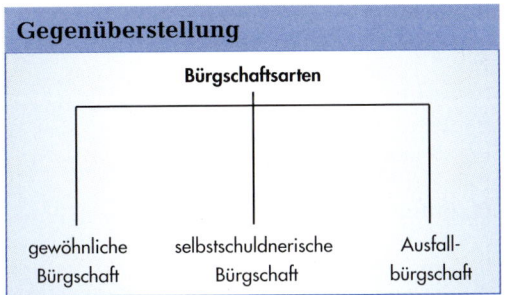

Auflistung/Sammlung

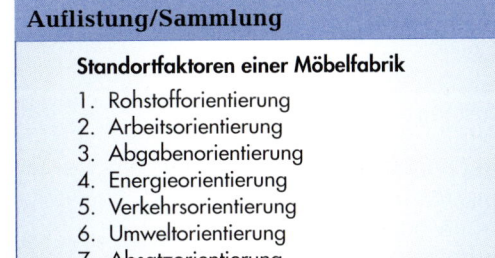

Beziehung

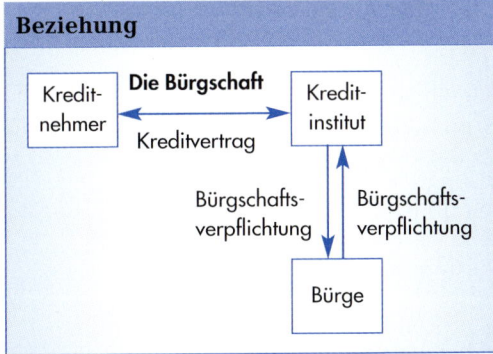

Wirkungskette

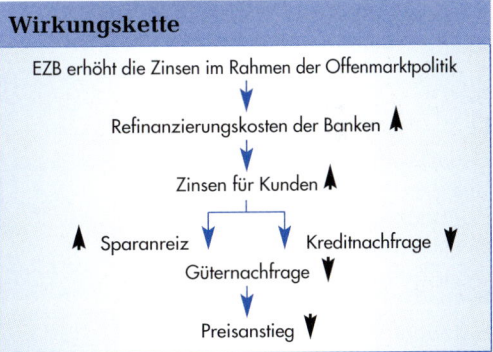

Matrix/Tabelle

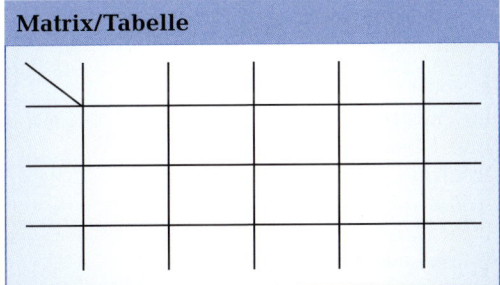

Kurvenverläufe

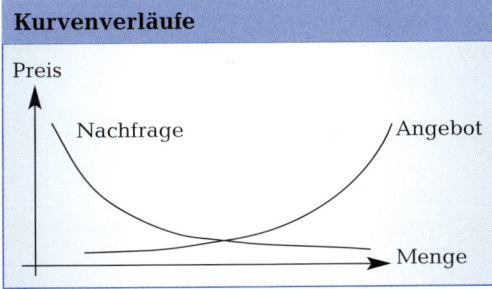

Einflussfaktoren

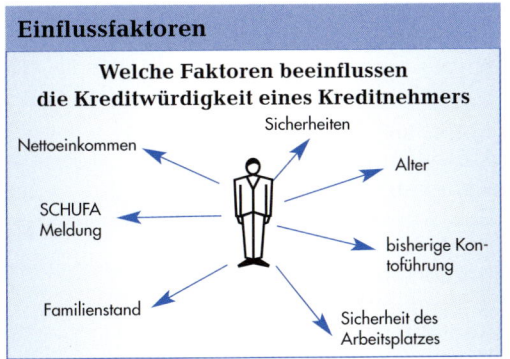

Text*

Die Bürgschaft ist ein Vertrag zwischen dem Bürgen und dem Kreditgeber. Durch die Abgabe des Bürgschaftsversprechens geht nur der Bürge eine Verpflichtung ein. Er verpflichtet sich, für die Schulden eines anderen einzustehen. Daher ist der Bürgschaftsvertrag ein einseitig verpflichtender Vertrag.

* Anmerkung:

Ein umfassender Text gehört nur in Ausnahmefällen an die Tafel. Nur Stichworte und Symbole prägen sich den Lernenden ein.

Sachwortverzeichnis

Anhang: Medien